¡Dios No Puede!

Cómo Creer en Dios y el Amor Después de la Tragedia, el Abuso y Otros Males

Thomas Jay Oord

All Rights Reserved

SacraSage Press
SacraSagePress.com

© 2019 SacraSage Press and Thomas Jay Oord

All rights reserved. No part of this book may be reproduced in any form without written consent of the author or SacraSage Press. SacraSage Press provides resources that promote wisdom aligned with sacred perspectives. All rights reserved.

Editorial Consultation: Susan Strecker

Interior Design: Nicole Sturk

Cover Design: Thomas Jay Oord and Nicole Sturk

Photography: Sean Dodge and Thomas Jay Oord

Translated by Lemuel Sandoval

Print (Paperback): 978-1-948609-18-0
Electronic: 978-1-948609-19-7

Printed in the United States of America

Library of Congress Cataloguing-in-Publication Data

God Can't: How to Believe in God and Love after Tragedy, Abuse, or Other Evils / Thomas Jay Oord

Book website: GodCant.com

A mi compañera de toda la vida en amor

Cheryl

Contenido

Una Solución al Mal 1

1. Dios No Puede Impedir el Mal 19
2. Dios Siente Nuestro Dolor 51
3. Dios Obra Para Sanar 83
4. Dios Exprime el Bien del Mal 117
5. Dios Necesita Nuestra Cooperación 149

Nota Final 189
Reconocimiento 197
Notas 199

Una Solución al Mal

La Franja de Las Vegas estaba abarrotada e hirviendo. Cerca de 20,000 personas se aglomeraron en torno al Route 91 Harvest Festival esa noche de octubre, cantando con la estrella de música country Jason Aldean, el último artista del festival. Alto sobre la multitud, un viejo auditor de 64 años, Stephen Paddock, miraba hacia abajo desde el Hotel Mandalay Bay. Visitaba Las Vegas a menudo, vivía 140 kilómetros al noreste de la ciudad, y los anfitriones de los casinos lo conocían por nombre.

Colocando letreros de "No Molestar" en las habitaciones adyacentes, el ex-auditor se movió hacia las ventanas del piso 32 del hotel, las quebró con un martillo y empezó a rociar balas hacia la multitud abajo. En los siguientes diez minutos, Paddock jaló los gatillos de veinte pistolas y disparó al menos 1,100 proyectiles. Cincuenta y ocho personas murieron; 851 fueron heridas. Miles de sobrevivientes aún están traumatizados bastante tiempo después del tiroteo masivo más mortal perpetrado por un individuo en los Estados Unidos.

Muchos hicieron preguntas después de la desgracia. ¿Dónde estaba Dios? ¿Por qué Dios no detuvo el tiroteo? Y, ¿tiene sentido creer que Dios se interesa por todos?

Muchas personas piensan que Dios tenía el poder para impedir el tiroteo de Las Vegas, sus muertes, heridas y el trauma resultante. Piensan que Dios pudo haber advertido a los oficiales, paralizado temporalmente al pistolero, trabado los rifles, o desviado cada bala 400 metros. Asumen que Dios tiene la habilidad de hacer cualquier cosa.

Tras el tiroteo, algunos "explicaron" por qué Dios falló en detener la tragedia. "Hay un propósito más grande en esto," dijeron. Otros apelaron al misterio: "Simplemente, no podemos entender los caminos de Dios."

El presidente de la Comisión Bautista del Sur para la Ética y la Libertad Religiosa, Russell Moore, capturó los pensamientos de muchos. "No sabemos por qué Dios no interviene y detiene algunas tragedias cuando sí detiene otras," dijo Moore. "Lo que sí sabemos, sin embargo, es que Dios está en contra del mal y la violencia. Sabemos que Dios está presente para quienes se duelen."[1]

¿De verdad?

Si Dios está en contra del mal y la violencia, ¿por qué no los detiene? ¿Acaso el deseo de Dios de estar "presente para quienes se duelen" le gana a su deseo de proteger? ¿Permite Dios la muerte y las heridas porque está necesitado, demanda atención o quiere sentirse útil?

¿Dónde está Dios en medio de la tragedia, el abuso y otros males?

ESTE LIBRO

La vida puede lastimar, abusar, cortar y destruir. No estoy hablando de un mal día en la oficina o de una discusión en Facebook. Y no estoy hablando solamente de horrores tales como el tiroteo de Las Vegas. Estoy hablando del mal genuino de varios tipos: violación, traición, genocidio, robo, abuso, cáncer, difamación, tortura, asesinato, corrupción, incesto, enfermedad, guerra y más.

Las personas sensibles admiten que el mal ocurre. Los sobrevivientes conocen el dolor personalmente.

Escribí este libro para las víctimas del mal, sobrevivientes y quienes soportan sufrimiento sin sentido. Lo escribí para los heridos y quebrantados que tienen problemas para creer en Dios, están confundidos o de plano han renunciado a la fe. Estoy escribiendo para quienes, como yo, tienen daño en cuerpo, mente o alma.

Este libro también es para quienes no se auto-denominan "víctimas" o "sobrevivientes" pero han sido agraviados. Tal vez no llaman "mal" a lo que les sucedió, pero se duelen. Estas personas se preguntan qué estaba haciendo Dios cuando fueron traicionados, atacados personalmente o despedidos injustamente del trabajo. ¿Dónde estaba Dios cuando luchaban con el divorcio, tuvieron abortos, fueron engañados, sufrieron enfermedades prolongadas o tuvieron un monstruoso accidente?

A la luz del sufrimiento, hacemos desafiantes preguntas y buscamos respuestas creíbles. Queremos encontrar sentido al mal, el amor, la libertad, el dolor, la aleatoriedad, la sanidad... y Dios.

Queremos entender.

Tú y yo no somos los primeros en hacer estas preguntas. Pero las preguntas que obtendrás en este libro son diferentes a lo que has escuchado. Es seguro, de hecho, que las ideas de este libro te cambiarán. Pensarás de manera diferente.

Digo esto como un teólogo, ministro y erudito de estudios multi-disciplinarios que se preparó en instituciones líderes de educación superior y ha impartido ponencias en universidades prestigiosas de casi cada continente. También digo esto como alguien que se involucra con personas en comunidades pequeñas y apartadas en la vida diaria de gente realista.

Paso la mayor parte de mi tiempo explorando las grandes cuestiones de la vida; me preocupo por lo que es más importante. Esto significa extraer de la ciencia, la filosofía, la espiritualidad y la religión.[2] Significa observar cuidadosamente la vida día a día, tanto lo ordinario como lo extraordinario. Mis experiencias con diversas personas me dicen que las ideas en este libro no sólo te resultarán inusuales, sino que cambiarán la forma en la que piensas y vives.

Escribí este libro para ti.

Nuestras historias —la tuya y la mía— importan. Plasman la realidad de nuestra experiencia vivida. Debemos enfrentar la realidad con honestidad cristalina si queremos sanar, amar y creer. Ser honestos acerca del pasado puede abrirnos a un mejor futuro.

Cuento historias verdaderas en este libro. Pero algunas veces cambio los nombres de los sobrevivientes y detalles de sus historias para proteger sus identidades. Probablemente conoces historias similares. Quizá tu historia suena como una de las que describo.

Una palabra para el lector convencional que prefiere lo seguro: probablemente no te gustará este libro. Pensarás que estas ideas son demasiado radicales, demasiado alucinantes, demasiado audaces. Probablemente no entenderás que tomar en serio el mal significa repensar ideas convencionales acerca de Dios y del mundo. ¡Este libro incluso puede enfurecerte!

Este libro es para sobrevivientes...quienes se duelen...quienes se interesan...quienes quieren encontrar sentido a la vida...y quienes quieren sanar. Es para quienes quieren amar, ser amados y vivir una vida de amor.

MIS AMIGOS ESTÁN HERIDOS

Los sobrevivientes cuentan historias dolorosas derivadas de la experiencia personal. Escucharles nos ayuda a entender mejor el sufrimiento. Su dolor a menudo no es sólo físico o emocional. También incluye confusión, desesperanza e ira hacia Dios.

Nuestras historias apuntan hacia lo que cuelga en la balanza: la naturaleza del amor, la creencia en Dios y el sentido de la vida. ¡No hay apuesta más alta!

Cuando tomamos a los sobrevivientes seriamente, tomamos sus preguntas de la existencia seriamente. Encontrar respuestas requiere luchar con cómo es la vida en realidad: buena y mala. Fingir no ayuda; queremos y necesitamos la verdad.

No hay suficientes libros para registrar cada experiencia de tragedia, abuso y maldad. Pero quiero contar las historias de cuatro amigos. Sus experiencias nos ayudan a enfocarnos en lo que está en juego.

Teri - Comenzó en la Escuela Dominical. El maestro de Teri empezó a tocarla. Su bigote anaranjado rojizo temblaba mientras acariciaba el cuerpo de ella, y hasta este día, ella se estremece cuando ve un bigote de ese color. Las caricias condujeron a frotamientos. Eso condujo a más... Pero no le gusta hablar acerca de eso.

Teri es una sobreviviente #MeToo.[3]

Durante y mucho después de la pesadilla orquestada por su abusador, Teri vivió en la vergüenza. Hizo las preguntas que muchas sobrevivientes hacen. ¿Qué está mal conmigo? ¿Es mi culpa? ¿Debería decirle a alguien? ¿Me querrá alguien ahora? ¿Vale la pena vivir?

Ella también hizo las preguntas de la fe: ¿Dónde está Dios? ¿No le importa a Dios? Si Dios me ama, ¿por qué no detuvo esto?

No es sorprendente que Teri perdiera su fe en los hombres. En su mente, a ellos sólo les interesaba su propio placer. Tampoco es muy sorprendente que Teri tenga problemas para creer en Dios. Su maestro de Escuela Dominical dijo que Dios era rey, la autoridad que obedecer, el que tiene el control final.

Si Dios existe, Teri asume que su abuso es parte de un plan. O tal vez ella no está en su radar. Definitivamente Dios no la está librando del mal, como dice la oración del Padrenuestro.

Si Dios existe, tiene un bigote anaranjado rojizo.

James - Hasta donde recuerda, James luchó con la depresión. En períodos de oscuridad personal, no podía dejar la cama. Su cabello se cayó y su peso se infló. Sus pensamientos revoloteaban de la ira a la apatía al suicidio.

James intentó con terapia y medicación. Ayunó y oró. Su familia hizo lo mejor para amarlo y apoyarlo, pero la depresión lo seguía incansablemente.

James conocía la Biblia mejor que la mayoría. Se memorizaba incontables versículos, y enseñó a sus hijos a confiar en el "buen libro." Mientras que nunca dudó seriamente de la Biblia o de Dios, sí que tenía preguntas.

"¿Por qué me está sucediendo esto a mí?" James preguntó una tarde de café. ¿Estaba pagando las consecuencias del pecado? ¿Era culpa de sus padres? ¿Su cerebro estaba dañado de forma tal que Dios no lo sanaría? ¿Por qué Dios permitía la depresión?

Una mente inquisitiva condujo a James a preguntas que los menos valientes no se atreven a preguntar.

Después de la Navidad del año pasado, James condujo a un lago, puso una escopeta en su cabeza, y tiró del gatillo. El forense dijo que murió instantáneamente. Un cazador lo encontró en su camioneta salpicada de sangre.

La familia de James ahora me hace las preguntas que él había estado haciendo. ¿Por qué Dios no intervino? ¿No podía Dios haber trabado la escopeta e impedido esta atrocidad? ¿Es la depresión una enfermedad que Dios no va a sanar?

La esposa de James me hizo una pregunta particularmente difícil. "Si Dios tiene un plan para todos, ¿el suicidio era su plan para James? Si Dios no quiere el suicidio," ella se preguntaba, "¿por qué no lo detuvo?"

María - María y Ted quieren hijos desesperadamente. María ha estado haciendo las cosas correctas para hacer que suceda. Cuida de su cuerpo, vigila su dieta y toma decisiones saludables. Toma vitaminas y acude con especialistas pero no puede llevar un hijo a término.

El tercer aborto de María fue especialmente horrible. Ese día, se sentó en el baño y lloró por una hora. Ted la encontró después de llegar a casa del trabajo. Se acostó en el piso del baño, se enroscó como pelota y sollozó también.

Las personas en su iglesia ofrecieron muchas explicaciones. "Los demonios están interfiriendo," dijo un hombre anciano. "Estás poseída por demonios."

Un presbítero dijo que Dios permitía los abortos para hacer de María una mejor persona. "Dios nunca nos da más de lo que podemos soportar," dijo, "y esto te ayudará a madurar." De acuerdo con él, los abortos eran una estrategia divina para construir el carácter de María.

Este supuesto plan divino no funcionó: María está resentida con Dios y desprecia la iglesia. María se amarga y no mejora.

María y Ted dejaron de asistir a la iglesia. María aún cree en Dios, mayormente porque fue educada de esa forma. Pero no tiene idea de cómo actúa. De hecho, no tiene ni una pista de cómo es Dios. Es un misterio.

"Supongo que hay un Dios," me dijo recientemente. "Pero, ¿quién sabe en realidad?"

Aunque María cree en Dios intelectualmente, eso no afecta cómo vive en verdad. No tiene idea de lo que Dios hace.

Los misterios no ayudan a María.

Rashad - Una tarde de viernes, estando en décimo grado, Rashad llegó a casa para encontrar a su padre vomitando sangre sobre su camisa a cuadros negros y blancos. Unos cuantos viajes al doctor confirmaron el temor de la familia: cáncer. Alrededor de un mes después, él murió.

Durante ese mes, todos oraron. Rashad, su padre, su pastor

y amigos. Los santos más santos oraron, creyendo completamente que Dios sana. La familia intentó cada ritual: ungir con aceite, ayuno, bautismo y ceremonias de sanidad. Los fieles mostraron que no les faltaba fe.

En el funeral, Rashad escuchó una serie de "respuestas" para la muerte de su padre. "Los caminos de Dios no son nuestros caminos," dijeron algunos. "¿Quiénes somos para cuestionar a Dios?" "Da gracias en todas las cosas," dijeron otros, "Dios tiene el control." "Necesitamos el mal para darnos cuenta que necesitamos la salvación." Y "Todo pasa por una razón."

En los años que siguieron, la familia sufrió emocional, financiera y espiritualmente. Rashad se volvió tímido y desconfiado. Se envolvió en una inseguridad paralizante.

"Si esto es lo que Dios quiere," dijo Rashad un día, "¡al diablo con Dios! Podrá ser fuerte, pero no es bueno. ¡Es un malvado hijo de perra!"

A Rashad se le había enseñado que Dios era un Padre amoroso. Pero nunca olvidaré la pregunta que hizo, "¿Qué clase de padre permite que su hijo sufra sólo para enseñarle a buscar ayuda… Ayuda del padre que permitió el sufrimiento en primer lugar? Esa no es la lógica del amor," dijo Rashad, "eso es manipulación."

"Si Dios permite el mal que pudo haber detenido, no lo necesitamos a Él," dijo Rashad. "¡Necesitamos una agencia de protección infantil!"

¿OTRO ÁNGEL EN EL CORO CELESTIAL?

Estas historias son una pequeña muestra de millones, tal vez billones de otras semejantes. Los intentos en ellas para explicar la relación de Dios con el mal son típicos. Ninguno satisface.

Cuando encontramos el mal, es natural hacer preguntas: ¿Por qué Dios lo causaría o lo permitiría? ¿Me está castigando Dios? Si Dios ama a todos, ¿por qué no impide el mal sin sentido? ¿Le importa a Dios? ¿Son los caminos de Dios un completo misterio?

No me satisfacen las respuestas convencionales: "Dios necesitaba otro ángel en el coro celestial," "Todo es parte del plan de Dios," "Dios quiere fortalecerte," "Los caminos de Dios no son nuestros caminos." "No tuviste suficiente fe," "Todo pasa por una razón," y más.

La gente bienintencionada dice estas cosas, y no estoy cuestionando sus motivos. Pero estas respuestas no tienen sentido. Algunas incluyen verdades, pero ninguna satisface completamente. Recurrir al misterio es especialmente inútil.

Necesitamos respuestas creíbles a las preguntas más grandes de nuestras vidas.

En contestación a las malas respuestas, algunos se vuelven al ateísmo. Yo respeto eso. Dado el mal en el mundo, algunas personas ya no creen que un amoroso y poderoso Dios exista. Y eso tiene un cierto grado de sentido. De hecho, encuestas indican que la existencia del mal es la razón número uno que los ateos citan para rechazar la creencia en Dios. ¿Quién puede culparlos?

Otros siguen creyendo pero se vuelven tímidos, inseguros y temerosos. No pueden vivir con confianza. Algunos piensan que Dios los está castigando. Otros piensan que Dios los ha abandonado, pues está ocupado en asuntos más urgentes. Muchos creen en Dios intelectualmente pero son ateos en la práctica: lo que creen no afecta cómo viven.

Más de unos cuantos dejan de buscar una respuesta. Se sacan el as bajo la manga del misterio. De hecho, algunos se burlan de los intentos por resolver el acertijo de por qué un Dios bueno y poderoso no impide el mal.

CINCO PARTES DE UNA VERDADERA RESPUESTA

Creo que hay un camino mejor. Hay una solución para el mal que tiene sentido.

Este camino mejor empieza creyendo en un Dios de incesante amor. Encuentra el sentido de la tragedia y al abuso sin decir que Dios los causó o siquiera los permitió.

El camino mejor se construye sobre cinco ideas acerca de Dios, la creación y el mal. Juntas, forman una solución a por qué ocurre el mal y un Dios amoroso no lo detiene. Y dan una estructura para vivir bien y pensar claramente.

Revelo estas ideas en este libro. Ellas *resuelven* el problema del mal.

Nota que dije "resuelven." No dije, "Simplemente no podemos entender a Dios." Tampoco, "No puedo probar que Dios *no* existe, así que sigo creyendo a pesar de no tener respuesta para el mal." No evito las preguntas difíciles y no daré las respuestas convencionales.

Una solución real.

Tomadas en conjunto, estas cinco ideas nos dirigen a vivir con entusiasmo. Juntas, proveen la estructura para reconstruir la mente, el cuerpo y el alma.

DIOS SIEMPRE AMA

Las grandes ideas de este libro comparten dos supuestos, y quiero mencionarlos antes de seguir adelante. El primero es que Dios nos ama a todos, todo el tiempo. Dios ama a todas las personas y a todas las cosas, todas las criaturas grandes y pequeñas. Dios nunca deja de amar, ni siquiera por un momento, porque la naturaleza de Dios es amor. Dios escucha, siente y responde actuando para bien.

Dios quiere nuestro bienestar, no nuestro malestar.

Las respuestas convencionales para el mal a menudo no pintan a Dios como amoroso, al menos no como lo que nosotros consideramos "amoroso." Algunos asumen que el amor de Dios es completamente diferente al nuestro. La frase "los caminos de Dios no son nuestros caminos" se entiende como "el amor de Dios no es como el nuestro." Lo que Dios piensa que es amoroso no es lo que nosotros pensamos. Este juego de manos confunde más de lo que clarifica.

¡No ayuda decir que Dios ama si no tenemos idea de lo que es el amor!

Otras respuestas suponen que Dios permite el daño por algún propósito más grande. Cuando las víctimas sufren, algunas personas dicen "¡el amor de Dios es duro a veces!" "Tienes que atravesar el infierno antes de llegar al cielo." O "Dios sabe lo que es mejor, así que tu violación (o cualquier otro mal) debe ser buena."

Desafortunadamente, mucha gente piensa que Dios causa o permite el mal.

Si el amor divino hace mal, ¡debemos rebelarnos! Si el amor de Dios permite violaciones y tortura, nadie debería querer que Dios les amara. ¡Tal "amor" no es amor para nada!

Al contrario, yo creo que lo que Dios piensa que es amoroso coincide con lo que nosotros pensamos que es amoroso. Nuestras intuiciones del amor caben en la perspectiva de Dios acerca del amor. Definimos mejor este significado común cuando se entiende que el amor es actuar intencionalmente, en respuesta a Dios y a los demás, para promover el mayor bienestar. En corto, el objetivo del amor es hacer el bien. Esa perspectiva del amor se aplica para el Creador y las criaturas.

Dios *siempre* ama, y su amor *siempre* es bueno. Cada idea que postulo en este libro supone que Dios es amoroso.

EL MAL GENUINO OCURRE

Las cinco ideas en este libro también suponen que el mal es real. Algún sufrimiento, destrucción y daño son innecesarios. Algún dolor no tiene sentido. El mal genuino hace del mundo, teniendo todo en cuenta, peor de lo que pudo haber sido.

No estoy diciendo que todo el dolor sea malo. Algunas veces escogemos el dolor para nuestro bien o nos sacrificamos a nosotros mismos por el bien de otros. Pero a veces el dolor y el sufrimiento son inútiles, y eso es lo que quiero decir con "mal genuino." Los eventos genuinamente malos causan más daño que el bien que pudo haber ocurrido de otra forma.

Muchas respuestas a las preguntas del dolor y el sufrimiento no consideran el mal genuino. Dicen, por ejemplo, que Dios permite el dolor y el sufrimiento por un bien mayor. En esta perspectiva, la malevolencia del pasado se requiere para el beneficio del futuro. O al menos Dios piensa que es mejor permitir horrores y holocaustos que impedirlos.

Si Dios ha permitido todo el abuso, dolor y sufrimiento del pasado en favor de un mayor bien, nada que Dios considere *genuinamente* malo ha ocurrido nunca. Dios debe haber permitido *cada* violación, tortura, traición, asesinato, engaño, corrupción, incesto y genocidio como parte de un buen plan. Desde esta perspectiva torcida, ¡el mal es bueno!

Yo no puedo creer eso. Tampoco la mayoría de sobrevivientes que conozco. No podemos creer que *todo* abuso, dolor y tragedia sean necesarios. No todo pasa o es permitido por una razón divinamente designada.

No tiene sentido decir que un Dios amoroso *permite* el mal. No necesitamos decir "tu violación pasó por una razón," e implicar que "Dios la permitió." No necesitamos creer que Dios permite que los niños sean torturados o pensar que Dios permite el cáncer. Y otras cosas más. Podemos creer que las experiencias dolorosas y las tragedias horripilantes hacen el mundo peor que lo que pudo haber sido. Y Dios no las quería.

Al final de cuentas, el mal es malo… desde la perspectiva de Dios y la nuestra.

CÓMO LEER ESTE LIBRO

Ninguna de las cinco ideas en este libro satisface por sí misma. Pero en conjunto proveen una solución a por qué un Dios amoroso y poderoso no detiene el mal. Proveen un camino hacia la sanidad, el amor y la transformación. Juntas, ¡dan vida!

Ya que todas las cinco juegan un papel esencial, no dejes de leer a mitad del libro. Si lo haces, no verás claramente cómo puedes creer en Dios y en el amor otra vez. Te perderás de todo el panorama.

Toma tiempo para considerar cada idea cuidadosamente. Lee lentamente. Proveo preguntas para cada capítulo para procesar las propuestas. Discútelas con otras personas, o medita a solas con un diario.

Las nuevas ideas necesitan tiempo para permear nuestras mentes, sanar nuestros cuerpos y ayudarnos a vivir bien.

Mientras que ningún otro libro provee esta solución de cinco partes, algunos abordan una o más ideas. Pongo una lista de recursos en línea en *GodCant.com*, y actualizo esos recursos. Busca los recordatorios del sitio en la conclusión de cada capítulo, y explora esos recursos cuando tengas tiempo.

Recuerda: las cinco ideas funcionan bien cuando se toman en conjunto. Necesitamos ver el todo para movernos hacia la plenitud.

PARA TI

Si eres sobreviviente, alguien que se preocupa por los sobrevivientes, o quieres responder una de las preguntas más grandes de la vida —por qué Dios no impide el mal— este libro es para ti.

Si quieres creer en Dios —un Dios de amor, no un rufián en el cielo o un padre ausente— este libro es para ti.

Si quieres sanar, tener esperanza y amar, este libro es para ti.

Prepárate para reconstruir.

Preguntas

1. ¿Qué respuestas has escuchado a por qué Dios causa o permite el mal? ¿Qué piensas de ellas?

2. ¿Qué experiencias del mal —personal o público— han formado tu perspectiva de Dios?

3. ¿Por qué algunas personas piensan que todo el mal es necesario para un mayor bien?

4. ¿Por qué es importante que lo que Dios considera amoroso coincida con lo que nosotros consideramos amoroso?

5. ¿Por qué deberíamos pensar que algún dolor y sufrimiento es innecesario o sin sentido?

6. ¿Te es fácil creer que Dios siempre es bueno? ¿Por qué o por qué no?

7. ¿Qué pregunta esperas que este libro responda?

Para recursos que presentan cuestiones de Dios, el amor y el mal, mira GodCant.com

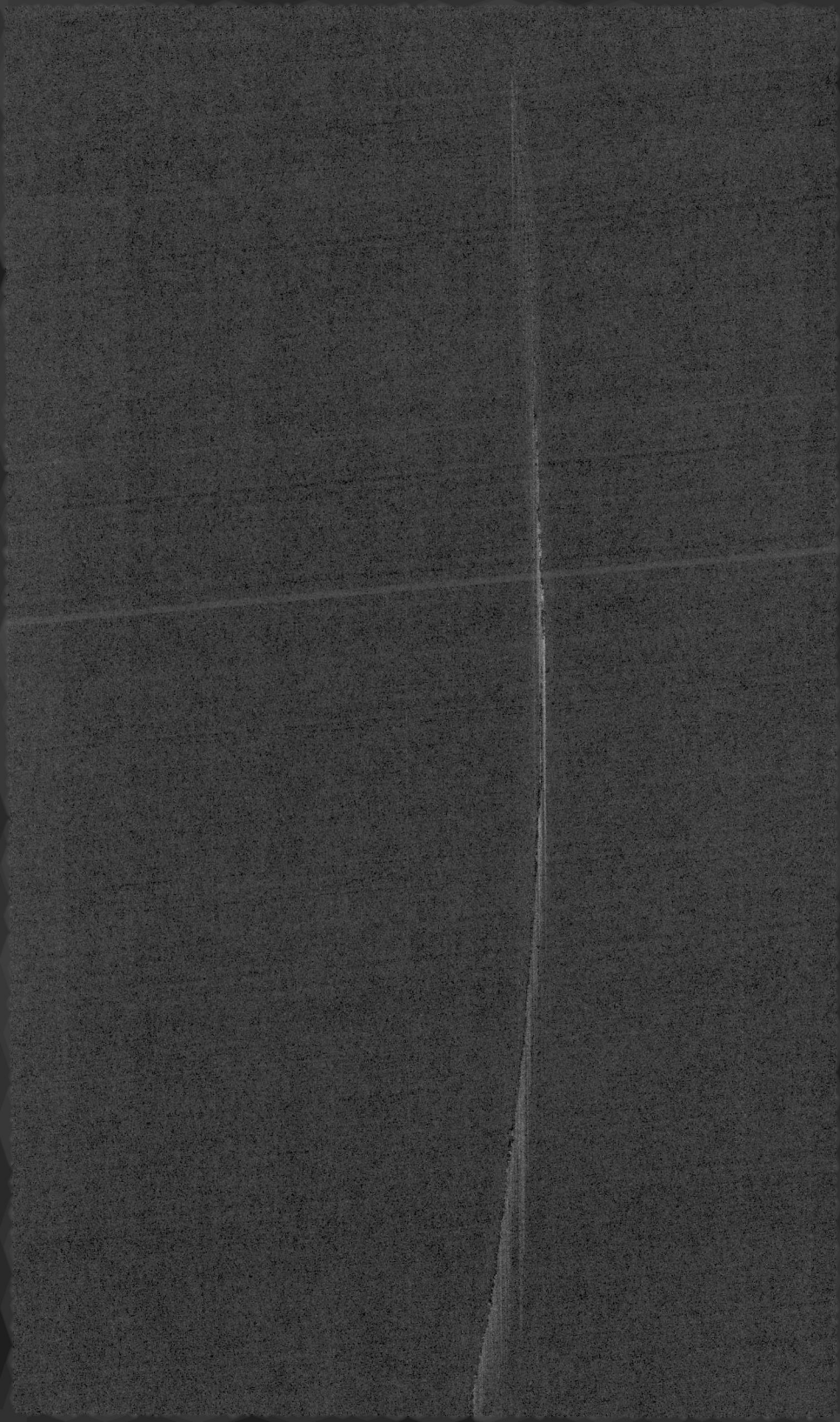

CAPÍTULO 1

Dios No Puede Impedir el Mal

Entraré directo a la primera idea que necesitamos: Dios no puede impedir el abuso, la tragedia y el mal. Leíste bien: Dios *no puede*.

Un Dios amoroso simplemente no puede hacer algunas cosas. Impedir el mal es una de ellas. Dios no pudo haber detenido el mal que tú y otros experimentaron. No deberíamos culpar a Dios por los males descritos en las páginas previas, porque Dios no pudo haberlos detenido.

Para ponerlo con mayor precisión, Dios no puede impedir el mal *sin ayuda*. Ponerlo con precisión es importante, y explicaré porqué conforme avanzamos en los capítulos. Dios no puede detener el mal actuando solo.

Nota que no estoy diciendo *no quiere* impedir el mal. Estoy diciendo que Dios *no puede*. La diferencia entre "no quiere" y "no puede" es enorme.

Muchas personas se sienten cómodas diciendo que Dios no quiere detener *todos* los males pero sí detiene algunos. Estas personas no se sienten cómodas con el *no puede*. Quienes dicen que Dios no siempre detiene el mal usualmente dicen que Dios lo "permite". Piensan que Dios abiertamente permite el mal sin sentido que podría impedir sin ayuda. Dios escoge no intervenir, dicen, o decide no interrumpir el mal en progreso.

Hay grandes problemas con decir que Dios *no quiere* detener el mal. "No quiere" y "permite" implican que Dios *podría* impedir el abuso y la tragedia. Decir "Dios permite el mal" significa que Dios no se interesa tanto como para intervenir, o bien que los horrores son, de alguna forma misteriosa, para nuestro bien.

No puedo creer que cualquiera de estas opciones sea verdadera. Pienso que Dios siempre se interesa, y que el mal genuino no hace las cosas finalmente mejores. Si impedir fuera posible, un Dios amoroso hubiera impedido el horroroso sufrimiento que nosotros y otros soportamos.

No tiene sentido decir que Dios *permite* el mal genuino.

UNA PERSONA AMOROSA IMPIDE EL MAL QUE PUEDE SER IMPEDIDO

La perspectiva de "Dios permite el mal" prevalece en la mente de tantos. Así que explorémosla un poco más. Hacer esta pregunta puede ayudar: ¿Acaso una persona amorosa permite el abuso, la tragedia y el mal que dicha persona podría impedir?

Piénsalo un momento.

¿Pensamos que una madre amorosa permitiría abiertamente que un infante se ahogara? ¿Pensamos que ciudadanos amorosos permitirían que terroristas torturen niños inocentes? ¿Pensarías que tu tío es amoroso si permitiera que tratantes de blancas secuestraran a tu hermana o esposa? ¿Acaso los

Capítulo 1: Dios No Puede Impedir el Mal

doctores amorosos dejan que los infantes mueran cuando podrían sanarlos fácilmente? ¿Acaso las personas amorosas permiten decapitaciones de inocentes si fuera posible detenerlas? No. El amor perfecto impide el mal que puede ser impedido.

A pesar de creer que las personas no permitirían el mal que pueden bloquear, muchos creen que Dios permite el mal que Dios puede bloquear. Piensan que Dios permite el mal innecesario y los horrores evitables a pesar de ser capaz de detenerlos. Piensan que Dios permite la violación, la tortura, el genocidio, el abuso infantil, y más. ¡Alguien te pudo haber dicho que Dios permitió *tu* sufrimiento!

No tiene ningún sentido creer que un Dios perfectamente amoroso permite el mal que este Dios puede detener.

Sabemos por experiencia, desde luego, que algunas veces no podemos detener el mal que *quisiéramos* detener. Muchas cosas están más allá de nuestra habilidad. No podemos controlar enteramente a otros o las circunstancias, así que no culpamos a la gente buena por no hacer lo que no pueden hacer. No son culpables.

Dios es diferente... al menos el Dios omnipotente en el cual la mayoría cree.

La mayoría cree que Dios podría controlar completamente a otros. Piensan que Dios tiene el poder de hacer cualquier cosa. Algunos dicen que Dios da libre albedrío pero podría anular, retirar o no dar esa libertad. Dios es soberanamente libre de hacer cualquier cosa, afirman, porque el poder Dios es ilimitado.

Si Dios puede controlar a los malhechores, deberíamos culpar a Dios por permitir las atrocidades que ellos cometen. El

Dios que no impide el mal genuino que se puede impedir es moralmente reprensible. El Dios capaz de controlar es al menos parcialmente culpable por los males que hemos soportado, porque podía haberlos detenido sin ayuda.

El Dios que permite el mal es culpable.

Una persona culpable, por definición, no es perfectamente buena. La culpa y la bondad se oponen. Y no podemos confiar que un Dios culpable ame consistentemente. De hecho, un Dios que permite el mal genuino no es digno de nuestro amor sin reservas. Tal vez podamos temerle, pero no podemos adorar a ese Dios con plena admiración.

No deberíamos confiar en un Dios que permite el sufrimiento.

¿SE QUEDÓ QUIETO Y PERMITIÓ?

Claire me envió un mensaje en Facebook el año pasado. En él, ella hablaba del abuso sexual que ha soportado. Mi corazón se convulsionó en mi pecho mientras leía los detalles. ¡Nadie debería experimentar tal horror!

Claire dijo que nunca pensó que Dios había abusado de ella. Culpaba a miembros de su familia, novios y un extraño. Tampoco creyó que Dios la estaba castigando. En su pensamiento, el abuso sexual no es disciplina divina.

Pero siempre se preguntó por qué Dios lo *permitió*. Si Dios es omnipotente y amoroso, ¿por qué permitiría que hombres violaran su cuerpo y mente? ¿Por qué Dios no intervino?

De acuerdo con su nota, Claire encontró ayuda en mi libro *El Amor No Controlador de Dios* (The Uncontrolling Love of God). Éste le ofreció creencias bien razonadas y lenguaje útil para encontrar el sentido al amor de Dios y su dolor. Fue

Capítulo 1: Dios No Puede Impedir el Mal

aliviada al leer que Dios no podía detener lo que sucedió. Dios no estaba permitiendo que ella fuera abusada. Nunca olvidaré un enunciado en su nota: "Ya no creo que Dios se quedó quieto y permitió lo que sucedió."

El Dios que "no quiere" impedir el mal pudo haber impedido el abuso hacia Claire. Ese Dios se quedó quieto y no rescató. Claire no puede creer que nadie que permite el abuso sexual —incluyendo a Dios— sea verdaderamente amoroso. ¿Cómo podría admirar o confiar en un Dios que permite el abuso?

Claire llegó a creer que Dios *no puede* impedir el mal sin ayuda. Un Dios que no controla obra amorosamente a lo sumo en cada situación, aun cuando ocurren cosas horrorosas. Pero el Dios de amor que no controla no puede controlar a las criaturas.

Para Claire, la diferencia entre "no quiere" y "no puede" es la diferencia entre pensar que Dios no pudo detener a sus agresores o pensar que Dios se quedó quieto y permitió lo que hicieron.

¿JESÚS DETENDRÍA EL MAL?

Me pregunto qué hubiera hecho Jesús.

Hago lo mejor que puedo para seguir los caminos de Jesús. Trato de amar como él amó. Así que cuando trato de entender cómo se ve el amor, a veces me pregunto, "¿qué haría Jesús en esta situación?" WWJD?[4] Responder bien esa pregunta y llevarla a cabo cada día son el núcleo de mi vida como cristiano.

Los cristianos dicen típicamente que Jesús ofrece la imagen más clara del amor de Dios. "Si quieres saber cómo es Dios," dice el dicho, "mira a Jesús." Jesús revela a Dios.

Imaginemos lo que Jesús podría hacer si estuviera presente físicamente cuando Claire fue agredida. ¿Intervendría? ¿Puedes imaginar a Jesús quieto, permitiendo la agresión? ¿Puedes imaginar a Jesús como el espectador pasivo de un mal que podría impedir?

Yo no puedo.

Yo no puedo imaginarlo diciendo, "estoy contigo, Claire. Podría detener el abuso, pero me quedaré quieto y lo permitiré."

Si Jesús pudiera poner un alto a los horrores de Claire, pienso que lo haría. Jesús detendría cualquier abuso sexual que pudiera. Él impediría el mal que se puede impedir.

Si Jesús es la revelación más clara que tenemos de Dios, ¿por qué deberíamos pensar que Dios permite el abuso. Si Jesús actuaría para lograr el mayor bien posible, ¿por qué pensar que Dios hace lo opuesto?

Si Jesús no permitiría el mal, tampoco Dios lo haría.

Si vemos el sufrimiento y el abuso con los lentes del amor de Jesús, no pensaríamos que Dios puede detener el mal sin ayuda. Necesitamos repensar el poder de Dios a la luz del amor que Jesús expresa.

INCLUSO UN DIOS PODEROSO NO PUEDE HACER ALGUNAS COSAS

Decir "Dios no puede detener el mal" pone a algunas personas intranquilas. "¡Pero este es el Dios que creó el universo!", dicen. "Este es el Señor Soberano." "Este es el Dios de la Biblia: el Dios de milagros, resurrecciones y más." "¡Este es D-I-O-S!"

Entiendo estas reacciones. Las nuevas ideas requieren tiempo para ser absorbidas, y la idea de que Dios no puede impedir el mal sin ayuda es nueva para la mayoría. Pero la Biblia

Capítulo 1: Dios No Puede Impedir el Mal

es el ejemplo número uno de que Dios nos anima a pensar de nuevas maneras. La tragedia personal y el sufrimiento innecesario nos incitan a buscar creencias más útiles que aquellas que nos fueron entregadas.

Sería un error pensar que el Dios que describo está inactivo o es un enclenque. El Dios que no puede impedir el mal es nuestro Creador. Si definimos cuidadosamente el poder divino, este Dios puede debidamente ser llamado "todopoderoso." El Dios que no puede controlar a otros hace milagros, sanidades, resurrecciones y más.[5]

¡El Dios que no puede impedir el mal sigue siendo poderoso! Dios no es endeble ni distante sino fuerte y activo. Debemos adorar al grande, asombroso y poderoso Dios de amor que no puede impedir el mal sin ayuda. Dios es el Amante más poderoso del universo. ¡Alabo a este Dios!

Entonces, ¿por qué un Dios poderoso y amoroso no puede impedir el mal?

Mi repuesta empieza con la Biblia. A muchos les sorprende descubrir que los escritores bíblicos dicen que Dios no puede hacer algunas cosas. "Dios no puede mentir," dice Tito (1:2). "Dios no puede ser tentado," dice Santiago (1:13). "Dios no puede cansarse," dice Isaías (40:28).

Me gusta especialmente una declaración del Apóstol Pablo: "Cuando somos infieles, Él permanece fiel," Pablo escribe, "porque Dios no puede negarse a sí mismo." (2 Tim 2:13)

"Dios no puede negarse a sí mismo" presenta una idea clave, y volveré a ella. En este punto, simplemente quiero decir que la *Biblia* dice que Dios no puede hacer algunas actividades. Es bíblico decir que el poder de Dios es limitado.

También le sorprende a la gente cuando descubren que

la mayoría de los teólogos destacados en la historia han dicho que Dios no puede hacer algunas cosas. Dicen que Dios no puede dejar de existir, por ejemplo, porque Dios existe necesariamente. Dios no puede hacer una roca tan grande que ni aún Dios la pueda levantar. Dios no puede cambiar el pasado, dicen muchos teólogos. Dios no puede pecar. Y así sucesivamente.

C.S. Lewis lo pone de esta manera: "Ni siquiera la Omnipotencia puede hacer lo que es auto-contradictorio."[6]

Estas declaraciones —en la Biblia y por teólogos destacados— suponen verdades acerca de la naturaleza de Dios. Los escritores inspirados y los sabios santos identifican acciones que Dios *no puede* realizar y cosas que Dios *no puede* hacer debido a quien Dios *es*.

Dios no puede oponerse a la propia naturaleza de Dios.

DIOS ES AMOR

Quién pensemos que es Dios hace una diferencia inmensa para lo que pensemos que Dios hace.

Así que... ¿quién *es* Dios?

¡Gran pregunta! Podríamos estar tentados a decir que no tenemos ni idea. ¿Quiénes somos para saber cómo es Dios? Más de unas pocas personas —desde los eruditos hasta la gente común y corriente— evitan especular acerca de Dios. Algunos afirman sólo conocer lo que Dios *no* es.

Los tontos dicen que conocen a Dios completamente. Una persona demasiado confiada afirma haber descifrado a Dios. Como yo lo veo, Dios está más allá de nuestro total conocimiento, y prácticamente cualquier teólogo estaría de acuerdo conmigo.

Capítulo 1: Dios No Puede Impedir el Mal

Sí tenemos *algunas* ideas, intuiciones o conocimiento de Dios, no obstante. Casi cualquiera se pregunta acerca de las cuestiones primordiales y la posibilidad de una Realidad Última que la mayoría de la gente llama "Dios." En nuestros corazones, tenemos ideas acerca de lo divino, aún si son parciales e imprecisas. Aparte, tiene sentido para muchos que Dios se auto-revele, porque probablemente Dios quiere ser conocido.

No podemos conocer mucho con certeza, y a menudo estamos equivocados en nuestras perspectivas. Pero *podemos* conocer a Dios en parte, aunque nuestro conocimiento es nuboso e incompleto.

En humildad, deberíamos tratar de entender mejor a Dios. Debemos reflexionar profundamente en la Escritura, nuestras intuiciones, nuestras experiencias y lo que la gente sabia dice. Debemos usar nuestras cabezas y corazones.

Aparte, ¡no tiene sentido decir que creemos en Dios pero decir que no tenemos idea de quién es Dios!

Me baso mucho —pero no exclusivamente— en la Biblia para conocer a Dios. La Biblia no es un sistema lógico, y dice muchas cosas. Interpretamos la Biblia a través del lente de nuestra vida y tratamos de encontrarle sentido. Decir "me baso en la Biblia" no significa que sé todo o que la Biblia nos dice todo acerca de Dios. Pero la escritura ha sido un recurso valioso para muchos y para mí al tratar de entender.

Desafortunadamente, algunos cristianos usan la Biblia como un arma. Las víctimas respingan cuando alguien los aporrea con un verso para "probar" por qué Dios causa o permite el sufrimiento. La Biblia puede activar traumas, y los sobrevivientes a menudo necesitan un descanso de los auto-descritos "Expertos en Biblia." Algunos textos infunden terror en nuestros corazones cuando no se les entiende a través del lente del amor.

Otros cristianos tratan la Biblia como un frasco de medicina y sus versos como píldoras. "¿Tienes un problema?" preguntan. "Aquí, toma una píldora de la escritura. Curará lo que te enferma."

O tratan la Biblia como un libro de magia. Di las palabras correctas —encantamientos— y presto... Todas las preguntas son contestadas. "La Biblia claramente dice..." comienzan diciendo.

Yo no creo que la Biblia funciona así. Los temas amplios de la Biblia nos ayudan a encontrar el sentido de Dios y de la vida. Pero debemos resistir el pensamiento de que la Biblia es un arma, un frasco de medicina o un libro de magia. Y no es una teología sistemática. Mientras que es importante excavar para explorar los detalles, es más importante captar las ideas principales de la Biblia.

Sobre todo, la Biblia enseña que Dios es amoroso. Las personas heridas como tú y yo necesitamos este mensaje. El Antiguo Testamento testifica del incesante amor de Dios, igualmente lo hace el Nuevo Testamento. Jesús revela el amor divino más claramente. Encontramos profundas afirmaciones del amor de Dios a través de la escritura.

Algunos pasajes bíblicos, lo admito, describen a Dios como inmisericorde. No todos los pasajes pintan una ilustración de puro amor divino. Los pasajes de la Biblia que hablan de Dios como sin misericordia reflejan la frustración, el dolor o la ira de quienes sufren. Expresan el clamor de los oprimidos. Esos pasajes bíblicos no proveen una descripción exacta del Dios que siempre ama. La mayoría de los pasajes, historias

Capítulo 1: Dios No Puede Impedir el Mal

y declaraciones bíblicas dicen que Dios ama a todos todo el tiempo. Y yo acepto el testimonio de la mayoría.

En sus palabras, vida, muerte y resurrección, Jesús revela más claramente el amor divino. La canción infantil es verdadera: "Cristo me ama, bien lo sé; su palabra me hace ver." De hecho, la vida de amor de Jesús me inspira a seguirlo.

El testimonio del amor de Dios llega a un crescendo hacia el final de la Biblia. Una simple frase expresa esto: "Dios es amor" (1 Jn. 4:8,16). Los creyentes interpretan esta frase de varias formas, pero "Dios es amor" provee una base para creer con confianza que Dios siempre ama a todos. Como el poeta Carlos Wesley lo pone: "Vuestro nombre y vuestra naturaleza es amor."

¿Y qué es el amor? El amor es acción con propósito en relación a Dios y a otros que apunta a hacer el bien. El amor promueve el bienestar. Fomenta la vida floreciente y abundante, y la bienaventuranza. Para ponerlo formalmente, amar es actuar intencionalmente, en respuesta a Dios y a los demás, para promover el mayor bienestar.

El amor de Dios siempre obra en favor del bien, porque Dios es amor.

LA NATURALEZA DE DIOS ES AMOR NO CONTROLADOR

Para encontrar el sentido a la idea de que Dios *no puede* impedir el mal sin ayuda, necesitamos algo más. Por varias razones —incluyendo el dolor y el sufrimiento innecesarios que experimentamos— tiene sentido pensar que el amor de Dios es inherentemente no controlador.

El amor no domina ni anula. "No se impone a otros" para citar al Apóstol Pablo (1 Cor. 13:5). El amor no manipula, domina o dicta de forma que no permita respuesta alguna. El amor no controla.

Cuando digo que Dios "no puede" impedir el mal, quiero decir que Dios es incapaz de controlar a las personas, otras criaturas o circunstancias que causan el mal. Debido a que Dios siempre ama y el amor de Dios es no controlador, Dios *no puede* controlar. El Dios que no puede controlar a otros o las circunstancias no puede impedir el mal sin ayuda.

El amor de Dios gobierna lo que Dios puede hacer.

Puedo imaginar los gritos de alguien que lee estas declaraciones. "¿Estás diciendo que Dios está limitado?", se preguntan. "¿Quién eres tú para limitar a Dios?" A pesar de lo que he citado de la Biblia y los teólogos, la idea de que Dios no puede hacer algo resulta herética para muchos. "Yo tengo fe en un Dios *ilimitado*," responden.

Es importante reconocer que *yo* no estoy poniendo límites a Dios. Más bien, la *naturaleza* amorosa de Dios determina, conforma o gobierna lo que Dios puede hacer. Poderes externos, leyes naturales o Satán no limitan esencialmente a Dios. Las restricciones al poder de Dios no vienen de fuera.

Dios tampoco escoge libremente ser auto-limitado. Dios no decide voluntariamente no controlar a otros cuando hacerlo es posible. Esa es la perspectiva de Dios "no quiere". Más que limitado externamente o voluntariamente auto-limitado, la naturaleza de Dios moldea lo que Dios puede hacer.

El amor siempre se da a sí mismo y empodera a otros. Da libertad a criaturas complejas tales como tú y yo. Da agencia y auto-organización a criaturas menos complejas como organismos y células. El amor de Dios es la fuente tanto de la

Capítulo 1: Dios No Puede Impedir el Mal

espontaneidad como de la regularidad que vemos en la naturaleza y el universo. Como Creador, Dios da existencia a toda la creación, y esos dones son irrevocables. (Rom. 11:29)[7]

Debido a que Dios se da a sí mismo y empodera a otros, y debido a que Dios ama a todas las criaturas desde la más compleja a la menos, Dios no puede controlar. Dios ama a todos y a todo, así que Dios no puede controlar a nadie ni a nada. Esto significa que un Dios de amor que no controla no puede controlar a los malhechores para impedir sus actos malévolos.

Antes leímos un pasaje de la Biblia que decía, "Dios no puede negarse a sí mismo." Ahora vemos cómo esto aplica a cuestiones del poder de Dios y el mal. Si la naturaleza de Dios es amor, el amor nunca controla, Dios tendría que negar su amor para controlar a otros. Pero Dios no puede hacer eso.

Los límites al poder divino vienen de la naturaleza de amor de Dios.

Llamo a esta perspectiva "kenosis esencial." La palabra "kenosis" viene de la Biblia y ha sido traducida como entrega propia o vaciamiento propio. El servicio y la muerte en la cruz de Jesús ilustran profundamente el amor abnegado de Dios (Fil. 2).

La palabra "esencial" indica que darse a sí mismo y empoderar a otros vienen de la esencia de Dios. Amar a otros es quien Dios es y lo que Dios hace. La kenosis esencial dice que Dios no puede retirar, anular o no proveer libertad, agencia y existencia a la creación. El amor de Dios siempre empodera, nunca domina, y es inherentemente no controlador.[8]

Quizás ahora entiendes por qué Dios *no puede* impedir el mal.

EL ATENTADO EN OKLAHOMA CITY

El 19 de Abril de 1995, Timothy McVeigh y Terry Nichols usaron un camión cargado de explosivos para atentar contra un edificio federal en Oklahoma City. Ciento sesenta y ocho personas murieron; cerca de setecientas fueron heridas; miles recibieron terapia por el trauma que el ataque causó.

McVeigh fue ejecutado por ser el terrorista primario. Nichols fue sentenciado a cadena perpetua. Pero encuentro más interesante el destino de su amigo, Michael Fortier.

Fortier no estuvo presente en el atentado. Tampoco ayudó a preparar la bomba. No fue un participante activo en este horrendo acto de terror.

Michael Fortier sabía lo que McVeigh y Nichols estaban planeando, no obstante, pero no hizo nada para detenerlo. Fortier no alertó a las autoridades ni trató de impedir este acto de terror de alguna otra forma. Escogió ser un espectador.

Fortier fue arrestado y acusado del crimen de no detener el atentado de Oklahoma City. Debió haber avisado a las autoridades, dijo el jurado. Hallado culpable, Michael Fortier fue sentenciado a diez años en prisión.

Las personas moralmente maduras no piensan que Fortier hizo lo correcto permitiendo el ataque terrorista. Una persona amorosa no hubiera permitido esta tragedia si podría haberla impedido. Aunque Fortier no cometió este malévolo acto, no lo detuvo.

Él no es un ejemplo de amor.

Piénsalo: si Michael Fortier fue justamente castigado por no impedir el mal que se podía impedir, ¿Por qué pensar que cuando Dios no impide el mal —si fuera posible de detener— es amoroso y bueno? Si no es amoroso que Fortier permita el mal que puede detener, ¿por qué pensar que es amoroso que Dios lo haga?

Todo mundo piensa que Dios es más fuerte que Fortier. La mayoría piensa que Dios pudo ver el atentado de Oklahoma City mucho antes de que ocurriera. Si Fortier merece desprecio, el Dios que permite el mal lo merece igualmente, quizás aún más. Si Fortier es culpable por permitir el atentado, un Dios que podría detenerlo sin ayuda es igualmente culpable.

Cualquiera que no impida el mal que se puede impedir no es amoroso consistentemente.

NO ESTÁ SENTADO EN UN TRONO CELESTIAL

Necesitamos un elemento más para explicar por qué Dios no puede impedir el mal sin ayuda. Esta idea se construye a partir de la creencia tradicional de que Dios es un espíritu universal.

Los creyentes se han esforzado por milenios para comprender la forma o la constitución de Dios. ¿Está ubicado Dios en alguna parte, en ninguna parte, o en todas partes? ¿Podemos ver, oír, probar, oler o tocar la deidad? ¿Acaso el Creador tiene un cuerpo como las criaturas?

La Biblia no responde claramente estas preguntas. La mayoría de los textos dicen que Dios no tiene un cuerpo divino localizado. Dicen que Dios es un espíritu universal presente a toda la creación. Y nosotros no podemos percibir este Espíritu universal con nuestros cinco sentidos.

Toda criatura es diferente a Dios en una forma crucial: tienen cuerpos localizados que pueden ejercer alguna medida de impacto corporal sobre otros. Pero Dios no tiene cuerpo divino localizado.

Siendo niño, recuerdo leer cómics que representaban a Dios como un cuerpo enorme y sin rostro. Él —y siempre era "Él"— se sentaba en un trono celestial y usaba una túnica blanca. Rayos de luz se extendían por todos lados. Recuerdo pensar, *¡seguro Dios plancha a vapor su túnica antes de posar para los artistas!*

No me impresionaban esos dibujos. *¿Cómo podría Dios estar presente para el universo entero si está sentado en un trono en las nubes?* me preguntaba. También recuerdo leer las palabras del Apóstol Juan: "Nadie ha visto nunca a Dios" (1 Jn. 4:12). Otros versos de la Biblia hablan de que Dios está presente para toda la creación, toda al mismo tiempo. Desde entonces, dudé que Dios reposara tieso en un trono celestial u holgazaneara por horas en una mecedora celeste.

Muchas tradiciones de fe insisten que Dios no tiene forma. Algunos consideran los dibujos de Dios como blasfemos... ¡Malditos sean los cómics! Los objetos físicos se convierten en ídolos si los consideramos literalmente divinos. Aunque los íconos religiosos pueden dirigir nuestros pensamientos hacia Dios, correctamente entendidos ellos no son deidades.

Como la mayoría de los teólogos a través de la historia, yo pienso que Dios es un espíritu universal sin un cuerpo localizado. Jesús lo puso de manera simple: "Dios es espíritu" (Jn. 4:24), y otros textos bíblicos concuerdan. Los teólogos suelen decir que Dios es "incorpóreo," lo que significa sin cuerpo, o "inmaterial." Ya que Dios es un espíritu universal, Dios no tiene figura, altura o peso como nosotros tenemos.

Los escritores de la Biblia usan varias palabras para describir la "cosa" de la cual Dios está constituido. Algunos comparan a Dios con el aliento, una mente, humo o el viento. Nada de esto involucra un cuerpo divino.

Capítulo 1: Dios No Puede Impedir el Mal

En siglos recientes, los creyentes han comparado a Dios con la gravedad, la luz o el oxígeno. Estas palabras describen a Dios influyendo en la creación sin tener una forma física localizada. Aunque muchos cristianos creen que Dios, como espíritu, fue especialmente encarnado en Jesús, no piensan que Dios existe esencialmente como una figura localizada y física. Dios es un espíritu universal sin cuerpo.

UN ESPÍRITU SIN CUERPO

Decir que Dios es un espíritu universal juega un papel crucial al explicar por qué Dios no puede impedir el mal que las criaturas pueden impedir a veces.

Para ponerlo en forma simple, Dios no tiene un cuerpo divino con el cual bloquear el mal o rescatar a las criaturas. Al contrario, las criaturas *sí* tienen cuerpos para ejercer impacto corporal. Y las criaturas a veces usan sus cuerpos para detener el mal.

Imagina que tú y yo estamos caminando por una calle ajetreada. Sin fijarte en el tráfico, te bajas de la acera al pavimento. Al hacerlo, no notas un camión monstruo rugiendo por la calle hacia ti. Yo lo veo y te quito del camino del camión. Asombrado y nervioso, ¡te imaginas lo que pudo haber pasado!

Nota que en este escenario imaginario actuaste libremente al bajar a la calle. Nadie te forzó, nadie te controló. Y nota que fui capaz de estorbar tu libre decisión usando mi cuerpo (especialmente mi mano). Te salvé de al menos una lesión severa y quizá la muerte —un acto amoroso— al parar tu cuerpo de moverse en la dirección que querías.

Si es amoroso que yo te impida herirte libremente a ti mismo, ¿no sería amoroso que Dios hiciera lo mismo? Si a veces yo puedo estorbar las acciones libres de otros, ¿por qué Dios no puede?

O imagina que estás de campamento con la familia. Una tarde estando alrededor de una estrepitosa fogata, tu sobrina de tres años avanza hacia las flamas —por su libre voluntad— vistiendo un camisón inflamable. Parada cerca, la agarras de la manga, salvándola de considerables quemaduras. Al otro lado del fuego, su padre ve todo lo sucedido y te agradece profusamente.

Si es amoroso que tú detengas a tu sobrina de herirse libremente, ¿no sería amoroso que Dios hiciera lo mismo? Si nosotros podemos a veces obstruir las decisiones libres de otra persona, ¿Por qué Dios no puede?

Aquí es donde "Dios es un espíritu universal sin cuerpo físico" cobra importancia.

Dios no tiene mano divina, literalmente hablando, para arrebatarnos del camino de coches que vienen o tomarnos antes de que entremos a una fogata. Dios no tiene brazos ni piernas para sacar gente de zonas de guerra. Dios no tiene un cuerpo para pararse entre pistoleros y víctimas potenciales. Dios no tiene brazos para envolver a una persona perturbada e impedirle que se corte a sí misma. Pero, debido a que las criaturas tienen cuerpos localizados y físicos, a veces ellas pueden impedir el mal.

Un espíritu sin cuerpo, universal, no puede hacer lo que las criaturas con cuerpo a veces pueden. A pesar de no tener cuerpo, Dios está presente y activo en todas las situaciones. El poder divino es directo pero persuasivo, amplio pero invitador, causal pero no controlador. La actividad amorosa de Dios hace la diferencia sin imponer control o usar un cuerpo divino.

Capítulo 1: Dios No Puede Impedir el Mal

Dios llama a las criaturas a que usen sus cuerpos para el bien. Cuando te jalo del camino de un camión o tú salvas a tu sobrina de las flamas, Dios fue la amorosa inspiración para este bien. Cuando respondemos apropiadamente a Dios, podríamos decir que nos convertimos en el cuerpo de Dios. Esto no es literalmente verdad, por supuesto. Las criaturas cooperativas extienden la actividad de Dios, pero no son literalmente divinas. Nos convertimos en las manos y pies representativos de Dios.

Las criaturas con cuerpo también pueden rehusarse a cooperar con Dios. Las víctimas lo saben mejor que cualquiera. Los humanos y otras criaturas pueden rehusarse a actuar como las manos y los pies de Dios. Culpamos justamente a las criaturas que no cooperan de causar o permitir los males que Dios no quiere.

Dios es un espíritu universal que no tiene un cuerpo divino localizado para detener el mal.

NO SOMOS ROBOTS

Como un Creador amoroso, Dios crea criaturas incontrolables.

Por "criaturas incontrolables," quiero decir que Dios constantemente da libertad, auto-organización, agencia o el poder de actuar, dependiendo de la complejidad de la criatura. Dios crea todas las cosas, influye continuamente en todo, pero no controla nada.

Para ponerlo de otra forma, Dios no crea robots.

Dios crea criaturas libres, y los humanos parecen ser las más libres de todas. Nadie es completamente libre, por supuesto. Nuestras historias, cuerpos, ambientes, genes y otros factores nos limitan y moldean. Otras personas y factores expanden o reducen nuestra libertad. La libertad ilimitada es un mito.

Podemos ser influenciados por otros aún cuando no queremos serlo. A veces, esta influencia no invitada ayuda. Los infantes se benefician del amor maternal que no escogen libremente, por ejemplo. A veces los bomberos cargan víctimas inconscientes fuera de casas ardiendo. Nosotros nos beneficiamos de los sacrificios amorosos de ancestros que nunca conocimos.

Pero la influencia no invitada a veces daña. Los sobrevivientes de ataques saben esto. Así también aquellos quienes sufren de otras formas de abuso. Los pecados de nuestros padres, madres o extraños —tanto en el pasado como en el presente— nos dañan de formas que a menudo no podemos evitar. Las víctimas saben que la violencia indeseable daña y destruye.

Vivimos en medio de relaciones que ayudan o dañan.

La idea de que un Dios amoroso no crea robots nos ayuda a encontrar sentido al actuar de Dios. Las historias de la Biblia cuentan de Dios influyendo en humanos, burras, árboles, los cielos y más. Algunas veces la acción de Dios es dramática. Pero la acción de Dios es mayormente sutil y modesta.

Es tentador pensar que la Biblia dice que Dios *solo* hizo que algo sucediera, pero la Biblia nunca dice esto explícitamente. Algunos piensan que Dios se apodera del cuerpo de una criatura o que lo controla por un propósito, pero la Biblia tampoco dice esto explícitamente. Si eso fuera cierto, Dios haría a esa persona temporalmente un robot. Los autómatas son máquinas predeterminadas incapaces de relaciones reales y sin la posibilidad de amar.

Un Dios que no controla no nos crea como robots ni nos robotiza temporalmente. Desde la encarnación especial de Dios en Jesús hasta la actividad en la más pequeña criatura, Dios actúa sin controlar. Y esta falta de control —en todos los niveles de existencia— hace posibles las relaciones amorosas.

Cuando las criaturas complejas cooperan con Dios, cosas buenas pasan. El amor florece. La paz retoña. Milagros increíbles pueden ocurrir. Cuando las criaturas complejas no cooperan con Dios, el mal sucede. Dolor innecesario y sufrimiento sin sentido ocurren. Los demonios danzan.

Debido a que un Dios amoroso no nos hizo a nosotros y a otros como robots, el bien y el mal son posibles.

DIOS LUCHÓ, DIOS PERDIÓ

A sus cuatro años, Henry desarrolló un tumor. En su libro *¿El Señor lo quiere?* (*Lord Willing?*), la madre de Henry, Jessica, describe como trató de sobrellevarlo.

Amigos y extraños ofrecieron explicaciones típicas. Algunos dijeron que Dios le dio el tumor a Henry ¡porque así le plació! "¿De verdad voy a creer que Dios es tan limitado en creatividad y recursos," dice Jessica como respuesta, "que él *tenía que* asesinar a mi hijo de cuatro años para traer el bien?"

Para quienes creen que el dolor y la muerte de Henry fueron castigo de Dios, Jessica hace preguntas retóricamente poderosas: "¿Deberíamos concluir que *todo* el sufrimiento es disciplina de Dios? ¿Qué hay de las naciones de gente hambrienta? ¿O los millones que murieron en el Holocausto? ¿Qué cuando los niños pequeños mueren de grandes tumores, en la cama de sus padres? ¿Podría esto alguna vez llegar a ser llamado amor?"

La explicación de Jessica para la muerte de su hijo tiene más sentido. "Henry no fue sanado en la Tierra," dice, "pero no porque un plan divino pedía su muerte. Creo que Dios hizo todo lo posible para maximizar el bien y minimizar el mal mientras una enfermedad cruenta obstaculizaba su amorosa voluntad."

Si Dios hizo todo lo posible para ayudar, ¿por qué Henry sufrió de este tumor y eventualmente murió? "Creo que Dios luchó, y creo que Dios perdió," dice Jessica. "Por la razón que sea, en esta instancia particular, él no pudo salvar a mi niñito."

Dios *no pudo* sanar a su hijo; Jessica cree que Dios no puede impedir el mal sin ayuda.

"Puede sonar chocante o molesto aseverar que Dios *no puede* hacer algo," Jessica admite. "Pero considera esto: si Dios *pudiera* impedir una violación, detener una bala o sanar un tumor maligno, pero *no quisiera*, no estaría demostrando amor... Y si sabemos algo acerca de Dios, es que él *es amor*."[9]

Jessica entiende la lógica del amor no controlador.

LA CABAÑA CASI ACIERTA

El libro mejor vendido de Paul Young, *La Cabaña*, lidia con preguntas acerca de Dios, el amor y el mal. Young es un excelente contador de historias, y entreteje temas positivos para ofrecer respuestas útiles.[10]

La trama de la historia ficticia de Young gira en torno al rapto y asesinato de la pequeña Missy. El temible evento devasta a la familia, especialmente a su padre, Mac. Él no puede entender por qué un Dios amoroso y poderoso permitiría este mal.

Un día, Mac recibe una carta misteriosa con una invitación a la cabaña donde la policía encontró a su hija muerta. Acepta la invitación y regresa a la escena sólo para encontrar a nadie. En desesperación, casi comete suicidio.

Al dejar la cabaña, Mac se encuentra con un hombre joven quien lo invita a conocer a Dios. Mac acepta y pasa varios días

Capítulo 1: Dios No Puede Impedir el Mal

hablando con Dios, representado como una Trinidad de tres personas. También se encuentra con la Sabiduría personificada. La mayor parte de la historia muestra a Mac en conversaciones con Dios y quienes han muerto. Muchas de sus preguntas son contestadas, y Mac empieza a transformarse.

Me gusta *La Cabaña*. Representa a Dios como cálido, personal y amoroso más que severo, iracundo y distante. Cuando la Trinidad está presente, encontramos gozo, risa, baile, comprensión y apertura.

La Cabaña hace preguntas difíciles, y las respuestas que ofrece son bastante útiles. Dios no es presentado como la causa del mal, por ejemplo. "Obro increíble bien a partir de tragedias indecibles," dice Dios. "Pero eso no significa que yo las orquesto." Dios está presente con aquellos que sufren: "Yo estoy en medio de todo, obrando para tu bien." En respuesta a la ira de Mac por la muerte de Missy, Dios como Trinidad dice, "Nos gustaría sanarla, si nos dejaras." Y cuando Mac dice, "Todos saben que castigas a las personas que te decepcionan," Dios lo corrige: "No, no necesito castigar. El pecado es su propio castigo."

La Cabaña no contesta una pregunta, no obstante, que aquellos que sufren a menudo hacen: "¿Por qué Dios no impidió el mal que soporté?"

Mac le pregunta a Dios, "¿Qué bien llega de ser asesinada por un monstruo enfermo? ¿Por qué no detienes el mal?" No obtiene respuesta.

"Dios puede no hacer el mal," dice Mac, "pero Él no detuvo el mal. ¿Cómo puede Papá permitir la muerte de Missy?" Otra vez, sin respuesta.

"Tú eres Dios todopoderoso con poder ilimitado," dice Mac. "Pero dejaste que mi pequeña hija muriera. La abandonaste."

Dios ignora "dejaste que mi hija pequeña muriera" y réplica al cargo de abandono, "Siempre estuve con ella."

Mac hace la pregunta correcta pero no recibe respuesta. A pesar de los aspectos positivos de *La Cabaña*, la historia no ofrece razón creíble por la que un Dios bueno y poderoso no *impide* el mal genuino.

La Cabaña fracasa al responder la pregunta primordial que las víctimas hacen.

EL PROBLEMA CON EL MISTERIO

Varias veces en *La Cabaña*, Dios le dice a Mac, "No entiendes el misterio." En un punto, el Espíritu dice, "Estás tratando de encontrar el sentido del mundo mirando un panorama incompleto." La Sabiduría cuestiona la habilidad de Mac para juzgar el bien y el mal, implicando que él no es competente para hacer tales juicios.

Las personas que piensan que Dios *podría* detener el mal a menudo hacen tales apelaciones al misterio. Correctamente dicen que Dios es más inteligente que nosotros, pero piensan equivocadamente que nuestra falta de conocimiento es la mejor respuesta.

Cuando se trata de conocer a Dios, sólo conocemos en parte, así que algo de ignorancia es inevitable. Nuestras perspectivas de Dios nunca son 100% verdaderas. Vemos como si lo hiciéramos a través de un cristal distorsionado.

¡Pero apelar al misterio respecto de si podemos juzgar el bien y el mal menoscaba la creencia en el amor de Dios!

Déjame explicar. La idea principal de *La Cabaña* es que debemos aceptar, en lo profundo, que Dios nos ama. Yo respaldo esta idea, y es un tema central de este libro. De hecho, ¡creer

Capítulo 1: Dios No Puede Impedir el Mal

que Dios nos ama, ama a otros y a toda la creación es la idea más importante en nuestras vidas!

En *La Cabaña*, Dios regaña a Mac por pensar que puede juzgar el bien y el mal. Mac razona desde un panorama incompleto, se le dice, así que *no puede* saber lo que es amoroso en última instancia. Pero es insincero que Dios anime a Mac a creer en el amor y después cuestione la habilidad de Mac para saber qué es el amor. Ese tipo de misterio no tiene sentido.

Si no podemos saber qué es bueno, no tiene sentido decir que Dios es bueno. Si no sabemos la diferencia entre el amor y el mal, no deberíamos sentir gozo alguno al pensar que Dios nos ama. Después de todo, ¡este amor puede ser malo!

Deberíamos ser cautelosos con el Dios cuyo amor es misterio, ¡porque nunca sabemos si podría ser el diablo!

Si *La Cabaña* hubiera dicho que Dios no podía impedir el mal sin ayuda, hubiera evitado la carta del misterio. Y pudo haber respondido la pregunta central que los sobrevivientes hacen. ¡Aceptar que la naturaleza de Dios es amor que no controla hace una diferencia enorme!

UN PAPÁ AMOROSO

La mayor fortaleza de *La Cabaña* puede ser el dibujo que pinta de un Dios íntimamente amoroso. Los personajes del libro llaman a Dios "Papá," aunque Dios el Padre es representado como una mujer negra y el Espíritu es una mujer asiática. Papá a menudo habla de ser "especialmente aficionada" a las personas. ¡Eso me gusta!

Representar a Dios como un padre amoroso nos ayuda a entender la influencia persuasiva de Dios como amor que no controla. Por supuesto, los padres humanos no son amorosos consistentemente, ¡y algunos raramente aman! Dios es diferente.

Algunas personas piensan equivocadamente que si Dios no nos controla o a la creación, seguro Dios no hace nada. Para ellos, o la acción de Dios determina todo o no existe. En esta forma de pensar, Dios o rige todo o no influye en nada.

Pero hay una vía media entre el control y la ausencia, y esa es la vía del amor.

Los padres afectuosos —Papás— expresan influencia amorosa que no anula ni suprime. Las madres amorosas y los padres amorosos no manejan los micro detalles ni rigen con puño de acero. No están ausentes ni tampoco desaparecidos en combate. Los padres amoroso y las madres amorosas guían, instruyen, persuaden, llaman, corrigen, convencen, animan, estimulan, enseñan advierten y más. Ninguna de esas actividades involucra el control.

Quizá la mejor palabra para describir el continuo amor parental es "nutrir." La nutrición involucra cultivar las vidas de los hijos e hijas proveyendo experiencias positivas, instrucción sabia y perdón. Pero nutrir implica trabajar al lado de las agencias de otros, no controlándoles.

Los padres que aman consistentemente imitan el amor constante de Dios. De hecho, Jesús llamó a Dios "Abba," una palabra para un Padre íntimo y consistentemente amoroso. Abba es Papá.

Los hijos cooperan sabiamente con el amor parental. Esta cooperación presupone libre obediencia a influencia positiva. Cuando los hijos cooperan con amor, los resultados son hermosos, significativos y constructivos. Los hijos sabios de Dios siguen la dirección amorosa de Papá.

Los hijos se rebelan neciamente contra los padres amorosos. Cuando quién sea se rebela contra el amor, el resultado es dolor sin sentido, sufrimiento innecesario y mal genuino. Oponerse al amor lleva a la destrucción. Dios actúa como un padre amoroso que nutre a los hijos.

UN PRETENDIENTE CORTEJANDO

El enamorado cortejando ofrece otro ejemplo de amor que no controla. En el cortejo, las parejas actúan en formas que atraen, seducen o invitan sin controlar, manipular o dictar. Su acción amorosa es influyente sin dominar.

Tal como algunos padres son malos ejemplos de amor, algunas parejas románticas fracasan en amar bien. Pero una relación amorosa de amor mutuo es buena para todos. Dar y recibir amor promueve el bienestar.

La propuesta de matrimonio típica realza este amor activo pero no controlador. Cuando le pedí a mi esposa que se casara conmigo, actué para invitarla a responder. Para que mi deseo se hiciera realidad, ella tenía que consentir. Ella tenía que elegir decir, "¡Sí!"

La propuesta de matrimonio exitosa requiere una aceptación como respuesta.

Dios actúa como un pretendiente amoroso. Nada puede parar a Dios de invitarnos, momento a momento, a una relación amorosa. ¡El amor no controlador de Dios es incontrolable! Pero podemos elegir no cooperar. Podemos no decir, "¡Sí!" Cuando no respondemos apropiadamente, la relación mutua de amor que Dios deseaba se obstaculiza. La voluntad de Dios no es hecha en la Tierra como en el Cielo. ¡Pero "Sí" lleva a vida abundante!

Incluso una propuesta exitosa no hace un matrimonio exitoso. El "Sí" inicial no garantiza el "felices por siempre." La cooperación libre debe continuar en el matrimonio. Si uno trata de controlar a la otra, la relación se vuelve malsana. El amor no puede ser forzado. Esto es verdad en el matrimonio y verdad en nuestra relación con Dios.

Dios actúa como un pretendiente cortejando y pidiendo la mano de su pareja y como un cónyuge yendo tras una vida de amor mutuo.

VALIENTE

Desde muy temprano en la vida, mi amiga Janyne sufrió abuso sexual. Suprimió este trauma por años, pero eventualmente salió a la superficie de maneras destructivas. En un punto, ¡casi se arroja por un barranco!

En su libro *Valiente: Una historia personal sobre sanar un trauma de la niñez* (*Brave: a Personal Story of Healing Childhood Trauma*), Janyne describe cómo ella y su consejera trabajaron hacia la sanidad. El proceso fue intenso y prolongado. Involucró aceptar memorias de la niñez y comprender cómo el abuso afectó su pensamiento y su vida.

Una parte importante de la recuperación llegó cuando ella cambió su perspectiva de Dios. "El día en que caí en la cuenta de que tenía elecciones fue el día en que entendí que Dios era no controlador," escribe Janyne. "Él no me controló en el barranco; yo escogí dar la vuelta y vivir. Pero así también lo hicieron todos los que me lastimaron. Todos tuvimos libre albedrío. Y no necesito decir cosas sin sentido tales como 'Dios permitió mi abuso para construir mi carácter.'"[11]

Capítulo 1: Dios No Puede Impedir el Mal

Janyne rechazó la idea de que Dios tiene un plan predeterminado que incluía el abuso. Ella llegó a creer que Dios siempre está involucrado, llamándola a decidir a la luz de circunstancias positivas o negativas. Dios es un guía amoroso no un manipulador coercitivo. Y ni siquiera Dios pudo controlar al agresor de Janyne.

"Fuera del entendimiento de un Dios que no controla," escribe Janyne, "no hay potencial para verdaderamente trascender la experiencia humana del trauma, vivir la vida abundantemente y adorar libremente. El Dios que controla no podía ser mi ancla. Pero el Dios que me ama, me consuela, me trae apoyo incitando las buenas acciones de otros y guía mis elecciones ¡ciertamente puede!"

Janyne encontró consuelo creyendo que Dios no pudo haber detenido el abuso sin ayuda. Un Dios amoroso que *pudo* haberlo detenido *debió* haberlo hecho.

CREENCIA #1 - DIOS NO PUEDE IMPEDIR EL MAL SIN AYUDA

Para encontrar el sentido a la vida, debemos creer que Dios no puede impedir el mal sin ayuda.

Decir que Dios no puede detener el mal ayuda a que los sobrevivientes superen el pensar que Dios estaba enojado o castigándolos. Las víctimas no tienen que pensar que Dios estaba quieto y permitió su daño. No necesitan preocuparse de que Dios pudo haber detenido su tragedia o abuso. Dios no puede.

La familia y amigos de los sobrevivientes también pueden encontrar útil creer que Dios no puede impedir el mal sin ayuda. Ya no necesitan pensar que el mal es parte de un plan maestro. No necesitan preguntarse por qué un Dios amoroso permitiría el dolor sin sentido o el sufrimiento innecesario. No necesitan recitar los razonamientos cansados y falsos de por qué Dios no detiene el sufrimiento.

Por supuesto, la mayoría de la gente necesita tiempo para procesar la idea de que "Dios no puede." Tal vez seas uno de ellos. La idea es nueva y fácilmente malentendida, así que regresaré a ella a lo largo del libro. Necesitamos tiempo para digerir ideas radicales.

Ninguna idea por sí sola es suficiente para resolver el problema del mal. Pero la idea de que Dios no puede impedir el mal sin ayuda es indispensable. Debemos creer para encontrar un buen sentido a nuestras vidas y a la existencia en general.

Junto con otras ideas que aún tenemos que explorar, creer que Dios no puede impedir el mal sin ayuda retira los obstáculos para creer en Dios, comprender el amor y avanzar hacia la sanidad.

Preguntas

1. ¿Por qué podría ser chocante para algunas personas escuchar que Dios no puede impedir el mal sin ayuda?

2. ¿Qué problemas se presentan cuando alguien dice que Dios "permite" el mal?

3. ¿Por qué importa que creamos que la naturaleza de Dios es amor que no controla?

4. Si has leído La Cabaña o visto la película, ¿qué te gustó o no te gustó?

5. ¿Por qué es importante creer que Dios no nos crea como robots o nos robotiza temporalmente?

6. ¿Por qué deberíamos creer que Dios es un espíritu incorpóreo que no puede impedir el mal que criaturas como nosotros a veces podemos?

7. ¿Qué de la idea de que Dios actúa como un padre o pretendiente amoroso que necesita cooperación es útil o ayuda? Y, ¿cómo puede esto ayudarnos a evaluar nuestras relaciones familiares o románticas?

Para recursos que abordan el poder de Dios en formas que ayudan, mira GodCant.com

CAPÍTULO 2

Dios Siente Nuestro Dolor

Mi amigo Ty cayó de una escalera mientras colgaba luces de Navidad. Su cabeza azotó en la acera, se fisuró costillas, rompió un brazo y yació inconsciente por quién sabe cuánto tiempo. Un vecino encontró a Ty desplomado y lo llevó rápido a un hospital en Cincinnati.

Kayla estaba haciendo compras Navideñas en ese momento, luchando por encontrar gozo en una estación normalmente festiva. Dos semanas atrás, había perdido su segundo bebé que nació muerto. Ir de compras era su mecanismo de defensa.

Mientras Ty dormía en el hospital, con tubos saliendo de su rostro y brazos, Kayla se sentó junto a él preguntándose si a alguien le importaba. Se sentía sola, como una inmigrante en una tierra extraña. Ty era su roca cuando la vida se volvía caótica, y ahora su roca necesitaba un ancla.

La familia extendida de Kayla estaba desconectada y raramente mostraba preocupación. Ella y Ty encontraron unos cuantos amigos después de llegar a la ciudad, pero aún no eran cercanos. Kayla no tenía a nadie para llamarle, nadie para platicar.

Mientras la TV del hospital balbuceaba, las emociones que Kayla había estado esquivando emergieron con toda su fuerza. Había estado sofocando esos sentimientos con compras, comida y Netflix. Ahora sentada a solas, Kayla sintió que la oscuridad apagaba la luz.

"¿Acaso a alguien le importa?" se preguntó. "*¿Realmente* le importa? ¿Más que publicaciones de lástima en Facebook?"

LA REGLA DE CARMESÍ
Para reconstruir nuestro pensar y vivir, necesitamos cambiar cómo pensamos y vivimos. En el último capítulo, expliqué por qué necesitamos creer que Dios no puede impedir el mal sin ayuda. Creer que Dios no puede impedir el mal deja atrás nuestro pensamiento de que Dios causa o permite el dolor, la tragedia y el abuso. No deberíamos culpar a Dios por el mal que Dios no puede impedir.

Otros obstáculos y medias verdades no nos dejan vivir bien. Para reconstruir nuestras vidas, necesitamos abrazar creencias adicionales.

La segunda idea que te invito a considerar es que Dios siente tu dolor. Dios no está lejano ni es indiferente, no es un padrastro distante ni una madre ausente. Dios se relaciona íntimamente con los sobrevivientes del mal, y siente lo que ellos sienten.

A Dios *realmente* le importa.

Quizá la mejor palabra para describir el sentimiento de Dios hacia nuestro dolor es "empatía." Aquellos que tienen empatía

Capítulo 2: Dios Siente Nuestro Dolor

"sienten con" las víctimas de la agonía, la soledad y la violencia. Soportan y comparten el sufrimiento de otros.

El psicólogo Carl Rogers define la empatía como entrar en "el mundo perceptual del otro y sentirse totalmente en casa adentro." Está empatía "involucra ser sensible, momento a momento, a las emociones cambiantes que moldean significados."[12] Las personas empáticas experimentan la experiencia de otros.

La psicóloga Brené Brown dice que la empatía involucra "escuchar, estar disponible, refrenar el juicio, conectarse emocionalmente y comunicar el mensaje increíblemente sanador, 'No estás solo.'"[13] Los que tienen empatía son comprensivos compañeros de sufrimiento.

Distingo la empatía de la lástima. Sentir lástima es sentir pena por otros a distancia. El que siente lástima permanece desapegado y dice, "Qué mal por ella." "¿No es una pena?" "Pobrecillo." O "¡Qué horrible ser él!"

Francois Varillon lo pone muy bien: "La lástima condescendiente, aun cuando sea traducida en ayuda espontánea y generosa, no toca melodiosamente el alma de quien se duele."[14]

En contraste, la empatía se involucra en unidad emocional. Los empáticos experimentan, en lo hondo, el dolor de otros. Se interesan emocionalmente.

Los empáticos a menudo se imaginan a sí mismos en el lugar de las víctimas. Consideran cómo se podría sentir "ponerse en los zapatos de otro." Esto no es meramente mental; también es emocional, pues llevan las cargas de quienes se duelen.

A veces los empáticos extraen de su propia experiencia. Re-cuerdan y re-experimentan su propia angustia a la luz de lo que encuentran en otros. Se remontan al dolor en el corazón y eligen co-sufrir con los sobrevivientes en el presente. Resienten el pasado para sentir con otros ahora.

La Regla de Oro dice que debemos hacer a otros como quisiéramos que hicieran con nosotros. Lo que yo llamo "La Regla de Carmesí" dice que debemos sentir con otros como quisiéramos que sintieran con nosotros.

Dios sigue la Regla de Carmesí, y también nosotros deberíamos.

MOVIDO A COMPASIÓN

La compasión es una forma poderosa de amor que involucra la empatía. Las dos partes de esta palabra latina —"com" y "pasión"— literalmente quieren decir "sufrir con." La persona compasiva actúa para promover el bienestar al involucrarse emocionalmente con los sufrientes, mientras mantiene límites saludables.

Para describir qué significa amar aquellos que sufren, Jesús cuenta una historia:

Un hombre fue robado, golpeado y dejado por muerto a lado de un camino. Dos líderes religiosos vieron a la víctima mientras viajaban ese día, pero no ayudaron. Pasaron de largo a la distancia. Un fuereño —un samaritano— sí ayudó y se convirtió en el héroe de la historia de Jesús.

Muchos conocen ésta como la historia del Buen Samaritano, pero se pierden del elemento de empatía en ella. Lo encontramos en estos enunciados del Evangelio de Lucas:

> *"Un samaritano, que iba de viaje, llegó cerca de él y, al verle, fue movido a compasión. Acercándose a él, vendó sus heridas echándoles aceite y vino. Y poniéndolo sobre su propia cabalgadura, lo llevó a un mesón y cuidó de él."* (10:33-34)

Nota que el Samaritano es "movido a compasión" cuando "llegó cerca" del hombre herido y se "acercó" a él. Estas palabras describen cercanía, relación y un nivel de intimidad. Los líderes religiosos mantuvieron su distancia y no les importó. El héroe se acercó, fue movido y ayudó.

Es difícil ser movido a compasión mirando desde lejos. Es más probable que tengamos empatía cuando nos acercamos a las víctimas. Cuando nos involucramos, nuestra capacidad de compasión aumenta, porque somos "movidos."

Jesús concluye la historia diciendo, "Ve y haz lo mismo." Es como decir, "Muévete afuera y se movido."

SÓLO NECESITO PROCESAR

Unos años después de que Cheryl y yo nos casamos, ella decidió buscar un grado en enseñanza. Su primer título universitario no la había preparado para esta nueva carrera. Así que como una pareja joven y recién casada, hicimos el sacrificio financiero, y Cheryl regresó a la universidad.

Las práctica de enseñanza son el punto culminante en un grado en preparación de maestros. En el caso de Cheryl, involucró enseñar a niños en un salón de clases supervisada por un experimentado maestro y vigilada por una directora.

Una tarde durante su práctica de enseñanza, Cheryl llegó a casa molesta. Había sufrido por todo un día especialmente malo en la escuela. Nos sentamos en la cocina, y sus frustraciones brotaron. Su mentor no era de ayuda, su directora no era motivadora; sus estudiantes habían sido especialmente difíciles. Lágrimas fluyeron conforme describía el frustrante día.

Como un esposo joven, yo quería ayudar. Pero no había aprendido aún el amor como escucha empática. No sabía que aquellos que sufren primero necesitan un compañero sufriente comprensivo.

Empecé a trazar soluciones y a ofrecer consejo sobre cómo arreglar las cosas. No era arrogante ni un sabelotodo. Pero no estaba respondiendo a la frustración de mi esposa con un corazón empático.

"No estoy pidiendo soluciones," Cheryl dijo abruptamente. "¡Sólo necesito procesar lo que estoy sintiendo ahora!"

Ella tenía razón. Ella necesitaba un hombro empático, no un solucionador de problemas. Lo más amoroso que yo podía hacer en ese momento era mostrar compasión. El tiempo para la lluvia de soluciones vendría más tarde.

A veces, aquellos que se duelen no necesitan explicaciones o soluciones. Necesitan empatía. Quieren saber que alguien siente como ellos se sienten.

COMPLETAMENTE EMPÁTICO

Por mucho que trate de ser empático con mi esposa — ¡y he mejorado!— siempre hay una diferencia entre cómo se siente ella y cómo me siento yo. Yo no puedo sentir la magnitud *completa* de su dolor y frustración. Y aquellos que son empáticos conmigo —incluida mi esposa— no pueden sentir *exactamente* lo que yo siento.

Nuestras emociones son nuestras. Otros pueden sentir un dolor similar en el corazón, pero cada persona es única. Como personas con restricciones, con cuerpos con restricciones, en ubicaciones restringidas, nuestra empatía tiene restricciones.

¿No sería lindo tener un amigo cuya empatía fuera tan completa como se pudiera sin ser tuya? ¿Qué si alguien existiera que *siempre* sintiera lo que nosotros sentimos?

Capítulo 2: Dios Siente Nuestro Dolor

Este amigo hipotético sería más cercano que un hermano o hermana, más cercano que un compañero o cónyuge, más cercano de lo que nosotros somos a nuestro yo consciente. La empatía de ese amigo sería casi ilimitada.

Creo que ese amigo existe y es el espíritu universal y amoroso que llamamos "Dios."

Dios está siempre presente, siempre afectado y siempre amoroso. Debido a que el dar y recibir de Dios es universal y debido a que Dios nos conoce completamente, Dios empatiza con nosotros a lo sumo. Dios siente lo que sentimos. La sensibilidad de Dios es sin restricciones.

El Apóstol Pablo dice que tenemos un "Dios de toda consolación que nos consuela en todas nuestras aflicciones" (1 Cor. 1:3). Consolar no es lástima a la distancia sino empatía a través de la presencia. El Amante perfecto es eternamente sensible y universalmente compasivo.

Cuando Dios siente nuestras emociones, siguen siendo *nuestras* emociones. Dios no puede sentir culpa personalmente cuando nosotros somos culpables, por supuesto, porque Dios nunca actúa de formas culpables. Pero Dios puede sentir nuestros estados emocionales aún más plenamente de lo que nosotros podemos, en respuesta inmediata a lo que nosotros sentimos. Porque Dios está presente para cada parte de nosotros, aún aquellas partes que no sentimos conscientemente.

El corazón de Dios se quebranta por lo que nos quebranta a nosotros. Pero este quebranto no lleva a Dios a la desesperación. El Dios de empatía perfecta nunca se deprime al punto de la inmovilidad. El Dios de toda consolación nunca se fatiga por ser empático. Su sensibilidad y emoción nunca conducen al mal, porque la naturaleza de Dios es amor.

Dios responde a todo lo que es negativo, frustrante y doloroso con esperanza resiliente. El dolor, el sufrimiento y la agonía nunca alteran el amor eterno de Dios.

Dios siente nuestro dolor... y puede manejarlo.

UNA LÁGRIMA RODANDO LENTAMENTE

Trish me envió una nota recientemente diciendo que se sentía alentada por un Dios que consuela. "Mi nivel de ansiedad se reduce sólo por confiar que no estoy sola," escribió. "Creo que Dios camina conmigo a través de los altibajos de la vida."

Dios se entristeció profundamente junto a ella cuando perdió a sus dos hijos. Dios la alentó cuando ella lidiaba con la herida traumática de su esposo. Dios trae "sanidad continua a nuestros corazones," escribió, "para darnos consuelo y guiarnos." Dios con ella en medio de la lucha es "más poderoso y amoroso," dice, "que un Dios que controla los detalles y completa órdenes como un cocinero de comida rápida."

Estaba dando pláticas en Europa recientemente cuando Georg, participante de una conferencia, me llevó a un lado para una plática privada. Había leído mi libro, *La Naturaleza del Amor* (*The Nature of Love*), el cual enfatiza la importancia de afirmar la vulnerabilidad de Dios.

"Siempre había asumido, supongo que inconscientemente, que Dios estaba a cargo y despojado emocionalmente," dijo. "Así que imitar a Dios significaba que yo debía estar a cargo y vacío de sentimiento."

Pensar que Dios es vulnerable cambió la jugada para Georg. "Ahora veo el valor de la vulnerabilidad," me contó. "Una persona vulnerable, por definición, no está en control. Ahora

Capítulo 2: Dios Siente Nuestro Dolor

que he renunciado a mi intento por controlar, ¡me llevo mejor con mi esposa e hijos!"

Otra amiga, Marcy, batalló cuando su esposo fue encarcelado erróneamente. Y "después de tres años tratando de luchar," escribió en un correo electrónico, "nuestro juicio terminó con un veredicto de culpable. ¡Era totalmente increíble!" Marcy fue tentada a alejarse de Dios. Pero se dio cuenta de que Dios podía no ser capaz de controlar lo que estaba sucediendo. "La única forma en que podíamos ver el veredicto era decir que no era de Dios," dice.

Amistades y familia preguntaron que planeaba hacer. Ellos querían luchar. "Querían justicia para nosotros," dice Marcy, "pero la justicia en este país es cara."

Marcy creyó que Dios le estaba diciendo que se quedara quieta. Esto significaba aceptar el cuidado y consuelo de Dios. "Necesitábamos caer en los amorosos brazos del Padre," dijo ella. "Estuvo con completa empatía, una lágrima rodando lentamente por su rostro por cada lágrima que nosotros lloramos."

Marcy tuvo que tomar decisiones para su familia sin su esposo. "La pelea para salvar a mis hijos empezó pidiendo ayuda a Dios," dijo. Su hija de en medio había sido profundamente dañada por la pérdida de su papi. Marcy creía que lo que su hija más necesitaba era danzar. Así que envió un correo a una escuela explicando su situación. La escuela respondió con una beca completa para asistir a un campamento de danza.

"¡Dios estaba amando a mi hija!" dice Marcy. "Ese primer campamento de danza fue el inicio de su sanidad." Un Dios empático no sólo siente nuestro sufrimiento sino que también incita a otros a amar de formas específicas.

5 PERSPECTIVAS POCO ÚTILES

¿Se te había enseñado que Dios tiene empatía? Desafortunadamente, muchos imaginan a Dios con un puño castigador, no con un corazón empático. Muchos piensan que Dios está distante, no presente ni afectado.

Algunos líderes religiosos promueven perspectivas que se oponen al amor empático de Dios. Yo he explorado estas perspectivas en otros libros, pero quiero compartir unas pocas aquí.[15] Aclarar estas perspectivas poco útiles acerca de Dios nos conduce a abrazar las que sí ayudan.

Una Pared de Ladrillos — Una perspectiva poco útil dice que Dios está presente pero se mantiene sin ser afectado. Dios no empatiza, consuela o siente dolor, de acuerdo con esta perspectiva, porque Dios es "inamovible." Dios es como La Fuerza en la Guerra de las Galaxias: siempre ahí pero impersonal y sin interesarse. Este Dios nos influencia a nosotros, pero nosotros no podemos influenciarlo a él; él da pero nunca recibe. Aunque estamos en lo correcto al ver el carácter de Dios como constante y sin cambiar, necesitamos afirmar a experiencia de Dios como movido a compasión. El Dios que es en todo respecto no empático es como una pared de ladrillos.

El Ojo en el Cielo — Otra perspectiva poco útil dice que Dios creó el universo hace mucho tiempo pero ya no está presente. Bette Midler cantó acerca de este Dios "vigilándonos a la distancia." Él tiene una política de no tocar, "no me involucro." Los eruditos llaman a esta perspectiva "deísmo," y la deidad que describe está desapegada. Aunque estamos en lo correcto al decir que Dios no controla, debemos afirmar su presencia activa en nuestras vidas. El Dios no involucrado es un ojo que no parpadea en el cielo.

Director Ejecutivo del Universo — Una tercera perspectiva poco útil dice que Dios actúa solo con el panorama general en mente, nunca involucrándose en los detalles. Este Dios es el Director Ejecutivo del universo, preocupado sólo por la visión global, no por ti y por mí personalmente. Aunque estamos en lo correcto al creer que Dios se interesa por el bien común, Dios también se interesa por cada uno de nosotros personalmente. Para el Director Ejecutivo del universo, lo que hacemos nosotros realmente no importa.

Micro-Gerente — La cuarta perspectiva poco útil dice que Dios determina todo. Podríamos pensar que quienes dañan podrían libremente haber hecho lo contrario, pero de acuerdo con esta perspectiva, estaríamos equivocados. Este Dios que determina todo orquesta todas las cosas. Esta perspectiva dice que la libertad es una ilusión y la suerte, un espejismo. Debido a que este Dios controla todas las cosas, es difícil imaginarlo sintiendo algún dolor o gozo. Aunque estamos en lo correcto al decir que Dios está involucrado aún en la más pequeña criatura y circunstancia, este Dios es un micro-gerente.

Obsesionado de la Limpieza — La última perspectiva poco útil dice que la santidad de Dios le impide asociarse con pecadores como tú y yo. Somos escoria mandada derecho al infierno, y un Dios puro y prístino no se asociaría con basura como nosotros. Esta perspectiva no sólo no aprecia nuestro valor, sino que muestra a Dios como un obsesionado de la limpieza incapaz de ser manchado en una relación con criaturas contaminadas. Aunque estamos en lo correcto al decir que la naturaleza de Dios se mantiene pura, una naturaleza pura no impide a Dios involucrarse en los detallitos de nuestras vidas.

Estas perspectivas asfixian y dejan cicatrices; conducen a pensar y a vivir negativamente. Afortunadamente, ¡el Dios de empatía y compasión es tan diferente! El Dios de toda consolación empatiza y ama constantemente. Nuestro Padre divino está involucrado siempre pero nunca controla. Dios da espacio, escucha profundamente y trabaja con la creación para efectuar el bien. Nuestra Fuente da libertad de elección sin administrar los detalles ni manipular. Este Dios se relaciona en mutualidad para nuestro bien personal y el bien común.

Dios es como una madre que cuida y acaricia a sus hijas o un padre que guía tiernamente a sus niños. Nuestro Padre celestial es de buen corazón, entregado y consolador.

PUEDO JUNTARME CON JESÚS

Kevin llegó a mi clase de universidad pensando que Dios era como el jefe de una pandilla. El Todopoderoso vociferaba órdenes, blandía una mano de juicio y quería venganza. El Jefe era afectuoso hacia la familia pero despiadado hacia sus enemigos y los desleales.

Mientras leía las historias del evangelio en la Biblia, Kevin llegó a encontrar que Jesús le agradaba. El humilde hombre de Galilea amaba a todos y se conectaba profundamente con amigos y enemigos. Jesús mostraba interés especial por los sobrevivientes.

Capítulo 2: Dios Siente Nuestro Dolor

"Puedo juntarme con Jesús," Kevin dijo un día después de clase. "Es el amigo que siempre he querido. Pero Dios me da miedo: ¡Él quiere patearme el trasero!"

Cuando le sugerí a Kevin que podía y debería creer que Dios era como Jesús, las luces se encendieron. ¡Estamos hablando de una reformulación radical! Kevin reconstruyó su perspectiva de Dios.

Los santos sabios han sabido por años lo que Kevin había descubierto: lo que sabemos mejor acerca de Dios viene de su revelación en Jesucristo. El carácter de Dios es mejor expresado en Jesús. En su enseñanza, vida, muerte y resurrección, Jesús revela que Dios se preocupa por nosotros, sufre con nosotros y actúa con compasión.[16] Dios no es el jefe de una pandilla, Dios es un padre amoroso, fiel amigo, atento cónyuge.

Como le gusta decir a mi amigo Tripp, "¡Dios es al menos tan agradable como Jesús!"

En una historia acerca de un hijo fugitivo, Jesús describe a Dios como un padre perdonador que "sintió compasión" por su descarriado hijo. Cuando el muchacho estaba regresando, el padre "corrió, abrazó al hijo y lo besó," dice él (Lc. 15:20). El amor incondicional del padre refleja el amor incondicional de nuestro Padre.

En su dolorosa muerte en una cruz astillada, Jesús apunta hacia un Dios que sufre con nosotros. En Jesús, Dios se identifica con los heridos y los que se sienten abandonados, los despojados y los lastimados, los deprimidos y destruidos. En la crucifixión de Jesús, Dios comparte el sufrimiento del mundo y por lo tanto muestra solidaridad con las víctimas.

Jesús revela a un Dios que empatiza.

LA EMPATÍA NO ES SUFICIENTE

Estoy feliz de informar que un número creciente de personas creen que Dios empatiza con las víctimas. Hasta el cambio del siglo veinte, la mayoría de los teólogos rechazaban la idea de que Dios sufre, a pesar de lo que la Biblia parecía indicar y los creyentes comunes pensar. Pero hoy, el "Dios Sufriente" se ha convertido en un tema importante entre los teólogos, y la idea de que Dios siente nuestro dolor se ha vuelto más común.[17] Los académicos aún debaten los detalles, por supuesto. Pero la segunda idea que te estoy invitando a considerar —Dios siente tu dolor— prevalece en muchos corazones y mentes.

Desafortunadamente, sin embargo, algunos piensan que podemos resolver el problema del mal sólo *creyendo* que Dios sufre. En las publicaciones tanto populares como académicas, uno encuentra gente diciendo que los acertijos del mal se resuelven si sólo creemos que Dios sufre con los sufrientes.

Pero la empatía no es suficiente.

Supón que conduces por una carretera en el campo. Cuatrocientos metros adelante, ves un coche girar bruscamente. Para sorpresa tuya, se vuelca, rueda de un lado al otro y se detiene en medio de una nube de polvo.

Conduces rápidamente a la escena, te orillas y corres hacia el coche volteado. Una llanta está girando y el olor a quemado llena tu nariz. Apresurándote al lado del conductor, ves a un hombre de edad mediana atrapado. Fue parcialmente arrojado fuera del coche, pero el peso del vehículo lo clava contra el suelo.

"No puedo respirar," dice, mirando con los ojos desorbitados. "¡Ayuda!"

Aunque el hombre no puede empujar el coche lejos de su cuerpo, tú sí puedes. El coche se balancea en una roca y si empujas podrías liberar al conductor sofocado.

Supón que dices, "*Podría* empujar el coche. Pero me quedaré quieto. En vez de rescatarte, tendré empatía hacia tu sufrimiento. Me imaginaré cómo sería estar en tu lugar."

No empujar el coche *no* es lo que amor requiere, dadas las circunstancias. Tener empatía simplemente —cuando rescatar es posible— no estaría mostrando la magnitud completa del amor de uno. Una persona verdaderamente amorosa empujaría el coche para rescatar al hombre jadeante si hacerlo fuera posible.

Igualmente, un Dios que podría rescatar sin ayuda pero *sólo* empatiza no es perfectamente amoroso. El Dios que podría controlar una persona o situación para impedir el mal pero en vez escoge sentir el dolor del sobreviviente no está expresando amor constante.

Tener empatía con las víctimas no es amoroso si impedir su agonía es posible.

Es importante creer que Dios sufre con los que sufren. Pero también debemos creer que Dios no puede impedir el mal sin ayuda. Sin ambas, no podemos ofrecer una explicación creíble para el sufrimiento innecesario, la tragedia y el abuso.

Un Dios que sin ayuda podría emancipar pero escoge sólo conmiserar no es alguien a quien debamos adorar o emular.

¿CÓMO SENTIMOS EL AMOR DE DIOS?

Me voy de la idea de que Dios siempre siente nuestro dolor a la idea de que nosotros a veces podemos sentir el amor de Dios. Nota las palabras "siempre" y "a veces" en esa última oración.

Podemos creer que Dios siempre empatiza... aún si solo a veces *sentimos* su amor.

Varios años atrás, recibí un correo electrónico de Amy en medio de una seria introspección. Amy era amiga de alguien que compartía mis fotos de naturaleza en Facebook. En los comentarios de una de las fotos, alguien habló con entusiasmo acerca de sentirse cerca de Dios en la naturaleza.

Amy escribió para decir que ella *no* se sentía cerca de Dios. Ella quería, pero no sentía nada. Ningún afecto cálido que la cubriera, ningún arrebato de emoción, ningún sentido de alivio personal.

Nada.

Amy cree en Dios. Ella piensa que Dios es la fuente de su consciencia, su conocimiento del bien y el mal. Amy lleva a su hijo a una iglesia Metodista para que pueda desarrollar una brújula moral. Pero no siente en su corazón lo que cree en su cabeza.

"¿Cómo *siente* una a Dios?" preguntó en su nota, poniendo la letra en cursivas. "Pienso que necesito eso."

Llamé a Amy, y hablamos. Esa conversación llevó a correspondencia por correo electrónico y más discusión.

Empecé a responder las preguntas de Amy con lo que puede parecer obvio, pero pensaba que necesitaba decirse. "Sentir a Dios no quiere decir tocar de hecho a Dios," escribí. No podemos percibir a Dios con nuestros cinco sentidos, porque Dios es un espíritu universal. "Cuando la gente dice que sienten a Dios," le dije, "no están hablando de sensaciones palpables o de arrumacos."

Sentir a Dios involucra intuiciones y percepciones no sensoriales, le dije a Amy, y éstas algunas veces despiertan nuestras emociones. El teólogo Juan Wesley llamaba tales percepciones "sensaciones espirituales," porque el Espíritu se comunica sin relacionarse con nuestros cinco sentidos. Los escritores Bíblicos a veces llaman a este Espíritu "el Consolador."[18]

También hablé con Amy acerca de las diferencias emocionales entre los humanos. La gente muy emocional tiene más probabilidades de decir que sienten a Dios, mientras que la gente menos emocional tiene menos probabilidades.

Amy admitió que a menudo suprime sus emociones. Nunca llora en la películas, raramente siente escalofríos escuchando música, y casi nunca siente "pelusitas de cariño" cerca de su hijo. "Soy menos emocional que otras personas," concluyó Amy.

"¿A qué se debe?" le pregunté.

Amy dijo que había sido profundamente herida en el pasado, y reprimir las emociones era una forma de lidiar. Suprimir emociones también es útil para su trabajo como militar. Ella dijo que su ex-esposo vivía en una montaña rusa emocional, y ella no quería ser como él.

Amy tiene emociones, por supuesto. Tal como todos las tienen, pero algunas personas esconden o suprimen sus sentimientos. Otras personas son genética, neurológica o temperamentalmente menos emocionales. No es nada que hayan hecho ellas o que les haya sucedido. Cualesquiera que sean las razones, las personas menos emocionales son menos propensas a decir que sienten el amor de Dios.

Después de platicar de su vida, Amy preguntó, "¿*Cuándo* dicen las personas que se siente amadas por Dios?"

"¿Qué quieres decir?" le pregunté.

"Quiero decir, ¿en qué tiempos o lugares sienten las personas el amor de Dios?" explicó. "Tal vez si sé lo que hacen, podría hacer lo mismo. Tal vez podría sentir lo que ellas sienten."

Unas cuantas respuestas a la pregunta de Amy vinieron rápido a la mente. Pero para responderle bien, hice algo de investigación. Quería ofrecer una colección de actividades que ayudan a la gente a sentir el amor de Dios. Muchas de estas actividades ayudan a los sobrevivientes a lidiar con el dolor y la confusión, y algunas les proveen a los heridos un sentido de la empatía de Dios.

MINISTERIO DE LA PRESENCIA HUMANA

Eventualmente dirigí a Amy hacia seis maneras en que las personas experimentan el amor de Dios. Pongo una lista en lo que queda de este capítulo. Para ilustrarlas, recurro a experiencias reales de personas que hablaron conmigo directamente, me enviaron notas o cuyas historias surgieron en mi investigación. He cambiado los nombres de algunos para proteger sus identidades. Algunas ilustraciones vienen de mi propia vida.

Una de las formas más eficaces para lidiar con el daño, el sufrimiento y el dolor es la terapia. Los terapeutas sabios escuchan profundamente. Su cuidado amoroso puede ser el medio por el cual algunos sobrevivientes sienten el amor de Dios. El consuelo que los terapeutas dan tiene su fuente en el Consolador.

Mi amigo consejero Brad enfatiza lo que él llama el "ministerio de la presencia humana." Quiere decir que la presencia física de un terapeuta puede ser el conducto de la presencia espiritual de Dios para aquellos que están en dolor. Los terapeutas pueden actuar como el corazón empático de Cristo.

Libros, podcasts y vídeos también pueden ser recursos terapéuticos. Pero la mayoría de las personas dicen que se sienten más cerca de Dios cuando se involucran en consejería cara a cara. Hay algo en la voz y la presencia humanas que nos ayuda a intuir la voz y la presencia de Dios.

Mi amiga Janel experimentó el consuelo de Dios a través de su terapeuta. "Cuando una memoria horrible surgía durante mis sesiones de consejería," escribió en una nota, "mi terapeuta gemía desde lo profundo de su espíritu. Yo sentía a Dios sintiendo mi sufrimiento cuando el espíritu de mi terapeuta gemía por mí." En consecuencia, dice Janel, "Mi consejera me ayudó a darme cuenta de que Dios sufre conmigo."

Mi amigo consejero Mark habla de los terapeutas como "atrapa historias." Esto implica escuchar profundamente mientras que los terapeutas aceptan las narrativas personales de sus clientes. Al "sintonizar" en la "frecuencia" de quienes están en necesidad, los terapeutas le dicen a sus clientes "eres valiosa y respetada; tu historia importa."

Los terapeutas y consejeros no son los únicos que pueden ser conductos de la empatía de Dios. Todos somos llamados a tener "un mismo sentir" en amor y compasión (1 Pe. 3:8). Pero los empatizadores adiestrados han desarrollado habilidades relacionales y entienden los problemas emocionales mejor que la mayoría de nosotros.

Algunos sienten el amor de Dios a través de la consejería y la terapia. Animo a muchos —incluida Amy— a buscar ayuda de quienes tienen entrenamiento.

UNA COMUNIDAD SOLIDARIA

Otros sienten el amor de Dios en comunidades relacionales de personas compasivas. Me gustaría informar que las comunidades religiosas *siempre* son lugares donde podemos sentir el amor de Dios. Pero para muchas personas, ¡la iglesia es el problema! Demasiadas iglesias son obstáculos para la gracia en lugar de ser canales.

Algunas comunidades de fe son como el arca de Noé: ¡sus animales tiran mucha caca! Los miembros tienen que asear los establos y limpiar las jaulas veinticuatro horas al día, siete días a la semana. A veces, ¡la caca cae tan rápido que es más probable ahogarse en el arca que en mar abierto! No hay vergüenza si se abandonan esas iglesias.

Pero todos necesitamos comunidad. La soledad inquebrantable impide el crecimiento; quienes persisten solos perecen solos. Necesitamos relaciones para promover la salud y sanidad. Necesitamos lugares y personas que expresen el amor empático de Dios.

Afortunadamente, ¡Existen lugares sanos y personas sanas!

Mi amigo Larry envío recientemente una actualización sobre su vida. Algún tiempo atrás, su esposa tuvo un romance con su novio de la preparatoria, y lo dejó. Larry perdió todo en el divorcio, así que se mudó a un departamento. "No tenía amigos cercanos," escribió, "me sentía solo al punto de considerar el suicidio."

El terapeuta de Larry le recomendó un grupo de hombres. Esos muchachos se convirtieron en el centro de su reconstrucción. Incitaron a Larry, como él lo pone, a "tomar [su] vida espiritual más en serio." Se unió a una iglesia que se enfocaba en el pensamiento positivo, el gozo y la aceptación. Entre el grupo de hombres y esta amorosa iglesia, Larry encontró amistades.

"Un día, algo extraordinario sucedió," Larry escribió. "De pronto sentí mi corazón llenándose de gozo de una forma que

nunca había experimentado... fue un momento 'sin palabras.'"
Larry sintió, en lo profundo, el amor de Dios. Sus relaciones en comunidad hicieron esa experiencia posible.

Animo a todos a buscar comunidades solidarias. Ningún grupo es perfecto, por supuesto, porque las personas no son perfectas. Pero algunas redes relacionales son mejores que otras. En el mejor de los casos, los grupos centrados en el amor nos ayudan a experimentar el amor de Dios.

Las comunidades solidarias nos ayudan a sentir el cuidado de Dios.

CIRCUNSPECCIÓN, MEDITACIÓN Y ORACIÓN

Algunas de nuestras más profundas experiencias del amor de Dios provienen del enfoque intencional. Algunos llaman a esto "centrarse." Otros lo llaman meditación, reflexión o circunspección. Otros simplemente lo llaman oración. La terminología importa menos que la propia práctica de cuidadosa atención a Dios y a la vida.

He intentado varías de estas prácticas a lo largo de los años. Antes, mis esfuerzos giraban en torno a oraciones de alabanza, acción de gracias y petición. Hablaba con Dios acerca de mis luchas y pedía ayuda. Tenía una vida de oración tradicional, con resultados mezclados.

Mi vida de oración ahora involucra ejercicios de respiración. Conscientemente y simbólicamente inhalo Dios y exhalo amor. Esta práctica simple centra mis pensamientos y me ayuda a sentirme cerca de Dios. A menudo siento un profundo sentido de propósito. Me acuerdo que Dios me ama a cada momento y me in-spira a amar a otros y a mí mismo.

Mi amigo Jay hace retiros periódicos en monasterios. No es católico romano, pero valora esta práctica históricamente católica. Los retiros en monasterios benedictinos lo ayudan a enfocarse, y ocasionalmente, proveen un profundo sentido de la presencia amorosa de Dios.

"El monasticismo cristiano me ha ayudado a tener un equilibro más saludable," dice Jay. "Y la oración me ha ayudado a ser más empático hacia otros." Pero la oración en un ambiente de retiro requiere de energía enfocada e intencional.

Me gusta cómo Jay describe el "resultado" de la meditación en oración: "La oración desenmascara nuestros falsos yo, y nos encontramos con Dios como somos realmente. Somos personas amadas por Dios, con la necesidad de la gracia transformadora. Podemos involucrarnos con otros que enfrentan los mismo desafíos internos."

La meta de Jay está escrita al reverso de cada medalla de San Benedicto: "paz." Se ajusta muy bien al consejo de San Pablo sobre la oración: "No se preocupen por nada. Que sus peticiones sean conocidas delante de Dios en toda oración y ruego, con acción de gracias, y que la paz de Dios, que sobrepasa todo entendimiento, guarde sus corazones y sus pensamientos en Cristo Jesús." (Fil. 4:6-7)

San Pablo no promete que nuestras oraciones serán contestadas en la forma que quisiéramos. Pero sí promete paz. Paz que puede venir en muchas formas, pero especialmente nos hace sentir un profundo sentido de que Dios nos ama.

A veces sentimos el amor empático de Dios a través de la circunspección, oración y meditación. Recomiendo alguna versión de esta práctica.

EXPERIENCIAS EN LA NATURALEZA

El mundo natural puede ser una arena para sentir el amor de Dios. De hecho, algunos entusiastas de los exteriores dicen que la naturaleza es su iglesia. La idea de que la naturaleza es sagrada puede explicar por qué las maravillas geológicas son llamadas a menudo catedrales, jardines de los dioses o descansos celestiales, angélicos.

En su libro, *Salvaje* (*Wild*), Cheryl Strayed comparte sus experiencias de excursión por el Sendero Cresta del Pacifico. Su tiempo en los exteriores, a menudo a solas, trajo redención en buena medida. En una entrevista, Ophra Winfrey le pidió a Cheryl que terminara esta oración: "Siento la presencia de Dios cuando..." Ella respondió inmediatamente, "estoy en lugares naturales, hermosos, salvajes."

Cheryl aprendió lo que el naturalista más famoso de América, John Muir, descubrió un siglo antes. Muir tenía luchas espirituales, y la perspectiva de Dios que se le había dado desde pequeño necesitaba cambios. Su padre le enseñó que Dios era un disciplinador estricto, pero Muir llegó a creer que "El amor de Dios se manifiesta en el paisaje como en su rostro."[19]

Muir describe una experiencia espiritual en Yosemite: "El lugar parecía santo, donde uno podría esperar ver a Dios. Así que al anochecer, cuando el campamento estaba descansando, volví a tientas a aquel altar de roca y pasé la noche sobre él — sobre el agua, bajo las hojas y estrellas— todo aún más impresionante que de día, las cataratas se ven levemente blancas, cantando la vieja canción de amor de la Naturaleza con entusiasmo solemne, mientras las estrellas asomándose por el techo de hojas parecen unirse a la canción de los rápidos... Gracias sean a Dios por este regalo inmortal."[20]

Hace algunos años, sentí la presencia de Dios tomando fotografías en las Montañas Owyhee de Idaho. Una hermosa nube se formó una tarde, y el sol poniente pintó su vientre de una variedad de colores. Mientras el lienzo del cielo se desenvolvía, corrí colocando mi cámara y tomando fotos. La belleza me hizo "ponerme pentecostal." Grite repetidamente "¡Aleluya!"

En ese momento de éxtasis, los coyotes se llamaban unos a otros a la distancia. Yo les respondí aullando: "¡Au, au, auuuuu!" Mi "pentecostal" evolucionó a hablar en las lenguas de los coyotes. ¡Yo era San Francisco conversando con las criaturas y Ansel Adams capturando la luz!

Mis amigos científicos a veces hablan de sentir el amor de Dios al explorar el mundo natural. Algunos estudian las más pequeñas entidades y organismos, maravillándose de su complejidad y diseño. Otros se asoman al vasto universo y se maravillan de que el Creador se interese tanto por nosotros, minúsculos en comparación. Algunos vislumbran a Dios cuando estudian a los humanos, de quienes la Biblia dice que están hechos a imagen de Dios. La ciencia ofrece experiencias de Dios para aquellos con oídos empáticos para oír y ojos intuitivos para ver.

Algunos experimentan el amor de Dios cuando se comunican con la naturaleza. ¡Una caminata por el bosque puede ser justo lo que el Buen Doctor ordena!

ARTE VISUAL, MÚSICA Y PELÍCULAS

Algunas personas sienten la presencia de Dios a través del arte. Puede ser una pintura de Warhol o Caravaggio, la música de Bach o Beyoncé, o la fotografía de Galen Rowell o Henri

Capítulo 2: Dios Siente Nuestro Dolor

Cartier-Bresson. Algunos sienten la presencia de Dios cuando escuchan el coro del Aleluya de Handel, otros cuando escuchan el Aleluya de Leonard Cohen.

El psicólogo Abraham Maslow llamó a estos momentos intensos "experiencias cumbres." Algunos creyentes los llaman "momentos con Dios." Llegan cuando somos sobrecogidos por la belleza. Puede derivarse del arte de Miguel Ángel, Aretha Franklin, Sebastiao Salgado, Bob Dylan, Frank Lloyd-Wright, Flannery O'Connor, Fyodor Dostoievski, B.B. King, Maya Angelou, Steven Spielberg, Gustav Klimt, Wolfgang Amadeus Mozart, Meryl Streep, y tantos más.

Pocas cosas me energizan más que el álbum Joshua Tree de U2 sonando a todo volumen en el estéreo del coche, todas las ventanas abajo, navegando hacia la puesta del sol de verano, el aire tibio golpeando mi cara y agitando mi cabello. En eso, siento a Dios.

La música que tocaba a mi padre era diferente. Él amaba el himno "El Amor de Dios." Sentí la presencia amorosa de Dios cuando la congregación lo entonó en su funeral. Las palabras re-escriben un antiguo poema judío a música del siglo veinte:

Si fuera tinta todo el mar,
Y todo el cielo un gran papel,
Y cada hombre un escritor,
Y cada hoja un pincel

Nunca podrían describir
El gran amor de Dios
Que al hombre pudo redimir
De su pecado atroz.

¡Oh, amor de Dios! Brotando está,
Inmensurable, eternal;
Por las edades durará,
Inagotable raudal.[21]

Las películas son un vehículo que mueve a muchos, y pueden ser un medio para sentir el amor de Dios. Le pedí a amigos que listaran películas que les hicieron sentir la presencia amorosa de Dios, y listaron cientos, incluyendo Los Miserables, Sueño de Fuga (Shawshank Redemption), La Lista de Schindler, El Árbol de la Vida, Lars y la Chica Real (Lars and the Real Girl), El Festín de Babette, Silencio, De Dioses y Hombres, El Señor de los Anillos, El Color Púrpura. Cuando los espectadores experimentaron estas películas, muchos experimentaron la presencia de Dios de manera profunda.

Kim envió una nota diciendo que experimentó sanidad cuando veía la película, Historias Cruzadas (The Help). Siendo niña, ella fue criada por una sirvienta negra llamada Nevada. Kim tiene afectuosas memorias de esta "segunda madre."

La familia de Kim acampaba periódicamente en las Montañas Humeantes, y vieron muchos osos negros. Ella vio una osa negra caminando en el trasfondo de sus sueños. "Cuando vi a Minnie (Octavia Spencer) aspirando un oso negro de peluche en Historias Cruzadas," dijo Kim, "Me di cuenta que la osa de mis sueños, la figura constante en el trasfondo de mi vida, era Nevada."

Esta experiencia conectó a Kim siendo educada en el Sur del post-Jim Crow[22] con su creencia de que Dios está presente siempre y amando constantemente. "Fue realmente poderosa," dijo ella, "y me ayudó a darle sentido, internamente, a algunas profundas convicciones."

Podría seguir listando experiencias de arte que ayuda a las personas a experimentar el amor de Dios. Tal vez podrías agregar las tuyas propias. El buen arte transforma.

EL AMOR DE UN HIJO

Para concluir mi lista de maneras en que las personas sienten el amor de Dios, voy hacia lo que podría ser la más común. Muchos informan sentirse amados por Dios en su amor por sus hijos o en el amor de un hijo hacia ellos. Una de las analogías más comunes del amor de Dios es el amor parental.

Lindi acostó a dormir a su hijo de dos años una tarde y regresó a su lista de responsabilidades. Tiene tres muchachos, es pastora y su esposo trabaja largas horas. Habían estado en la transición hacia una nueva ciudad y batallaban con la logística y las finanzas.

Mientras enseñaba un curso en línea esa tarde, Lindi escuchó a su hijo llorar. Caminó hacia la habitación para descubrir que había tirado su chupón. "Lo levanté," dijo Lindi, "y le di el chupón a mi hijo. Lo traje a mi pecho y empecé a mecerlo. Instintivamente, susurré, 'Está bien, te tengo.'"

"En ese momento," dijo Lindi, "escuché que Dios me decía esas palabras a mí: 'Está bien, yo también te tengo.' Sentí de Dios la misma calma y consuelo que yo le estaba dando a mi hijo. Así que permití que Dios me abrazara."

A veces cuando amamos a otros, sentimos a Dios amándonos.

Mark sintió el amor de Dios de su hija. Una tarde con los libros repartidos en todo el sillón, su hija de tres años decidió que era tiempo de charlar. Ella preguntó, "¿Qué andas haciendo?" Sin esperar una respuesta, gateó a través de los libros de Mark hasta su regazo.

La interrupción evitaba que Mark trabajara, y su hija visualmente impedida requería explicaciones que otros niños no. Una respuesta corta a "¿Qué andas haciendo?" no era posible, Además, había perdido la concentración.

"Justo cuando iba a perder los estribos," dijo Mark, "ella me pidió que mirara lo que ella estaba viendo." Ella se había colocado entre la lámpara y la pared de la habitación. Su cuerpo arrojaba una larga sombra.

"¿Ves eso, Papi?" preguntó, apuntando a la pared. "Ese es Dios."

"Miré la sombra," dijo Mark, "y parecía que Dios me estaba dando un recordatorio de amor. La presencia de Dios se manifestaba en mi pequeña niña. En los años anteriores, Dios amorosamente ayudó a mí familia a través de las inexploradas aguas de una hija visualmente impedida. En ese momento, sentí que su amor me cubría como una tibia cobija."

A través de las edades, los creyentes han encontrado en las experiencias madre-hijo, padre-hija y abuela-nieto el medio por el cual sienten el amor de Dios. Aunque los padres no son siempre amorosos, los apegos en una familia amorosa pueden ser los lazos que nos atan a Aquel que *siempre* cuida.

Ábrete a sentir el amor de Dios a través del amor de hijos, padres y familia. Y a amarles.

CREENCIA #2 - DIOS SIENTE NUESTRO DOLOR
Empecé este capítulo con Kayla y Ty. Pensé en terminar con una actualización.

Capítulo 2: Dios Siente Nuestro Dolor

Desearía decir que fueron de las heridas, la ausencia de hijos y la soledad a una dicha libre de problemas. Pero no es el caso. Aún no tienen hijos y decidieron no adoptar. Ty nunca se recuperó completamente de su herida craneal. Esa primera Navidad en Cincinnati alteró sus vidas.

Kayla y Ty fueron capaces de hacer una conexión de amor con Dios, no obstante. Dos prácticas hicieron la diferencia. Una compañera del trabajo de Kayla los invitó a un grupo que se reunía dos veces al mes para una comida dominical. Esta comunidad reemplazó la soledad con la amistad, avisando a Kayla y Ty del amor y cuidado de Dios.

Los dos también buscaron ayuda de una terapeuta. Ella los introdujo a la meditación y circunspección. Estas prácticas de centrar, hechas creyendo que la presencia amorosa de Dios les rodea e impregna, ayudaron a Ty y Kayla a reconstruir sus vidas.

Quizá pudieras agregar una tercera práctica a éstas dos. El verano pasado, fueron de mochileros a través del desierto en Idaho por cuatro días. Al tercer día, pasaron unas horas en los nacimientos naturales de agua caliente, a kilómetros de cualquier carretera o edificio. Esa noche, hicieron el amor bajo las estrellas y sintieron un Amor que trasciende el amor que se tienen.

La segunda idea que te invito a considerar es que Dios siente tu dolor. Nuestro dolor. Todo el dolor. No es suficiente decir que Dios no puede impedir el mal sin ayuda, aunque es importante. También queremos saber que alguien se preocupa cuando hemos sido agredidos. Progresamos hacia la restauración si creemos que Dios empatiza como un compañero sufriente comprensivo.

A veces también sentimos el amor de Dios, Algunas personas lo sienten más que otras, pero podemos seguir prácticas y hacer actividades que fomenten experiencia de amor divino. A veces sentimos el consuelo amoroso del Consolador que sufre con nosotros.

Preguntas

1. ¿Por qué piensas que algunas personas creen que Dios no es afectado ni tiene emociones?

2. ¿Cómo es que las malas perspectivas de Dios te han conducido lejos de afirmar la empatía amorosa de Dios?

3. ¿Cuál es el problema con decir que un Dios amoroso que pudiera impedir el mal sin ayuda prefiere sufrir con nosotros?

4. ¿Cómo ayuda a creer que Dios es amoroso el pensar en el amor de Jesús?

5. ¿Cuándo has sentido el amor de Dios, y que encendió ese sentimiento?

6. ¿Qué obstáculos nos impiden sentir el amor de Dios?

7. ¿Cuáles de las seis prácticas mencionadas hacia el final del capítulo quieres o necesitas?

Para recursos sobre la empatía de Dios y otros asuntos en este capítulo, mira **GodCant.com**.

CAPÍTULO 3

Dios Obra Para Sanar

"Si sólo tuvieras más fe, tú serías sano."

Carlos fue diagnosticado con cáncer de pulmón a inicios de este año. Su doctor dijo que no viviría para ver otro verano. Él y su familia lucharon por comprender cómo un recio hombre de cuarenta y dos años podía tener cáncer.

Todo mundo oró. Algunos imploraron ante Dios para que sanara a este hombre joven. Se hicieron promesas y se depositaron regalos en el altar, pero su condición no cambió.

La Tía Rosa María culpaba a Carlos. "La Biblia dice que los que tienen fe son sanos, sobrino," ella dijo. "Tienes que orar más fuerte. ¡Tienes que creer!"

Le mostró en el evangelio de Marcos la historia acerca de una mujer que estuvo sangrando por doce años. La mujer "había sufrido mucho en manos de muchos médicos y había gastado todo lo que tenía," escribe Marcos. En lugar de mejorar, "su condición había empeorado."

Un día que cambió su vida, esta mujer tocó el borde de los ropajes de Jesús. Este toque hizo la diferencia. "Hija, tu fe te ha sanado," dijo Jesús. "Ve en paz y sé libre tu aflicción."

Inmediatamente después de esa sanidad, Jesús caminó hacia el hogar de una niña ya pronunciada muerta. "No teman," Jesús dijo a quienes estaban con él, "sólo crean." Cuando llegó a la casa de la niña, él simplemente dijo, "Levántate," y ella lo hizo al instante. (Mc. 5:24-42)

Estas y otras historias de la Biblia parecen decir que la sanidad depende de la fe de uno. Carlos cree... o al menos lo intenta. Hace acopio de tanta fe como puede. Regatea con Dios. "Si tú me sanas," ora Carlos, "yo seré el mejor siervo que hayas tenido. Seré un súper santo."

Junto a la miseria que trae el cáncer, Carlos también siente culpa. "Dudo que yo sea lo suficientemente bueno para el cielo," dijo recientemente Carlos. "La Biblia dice que sin fe nadie puede agradar a Dios. ¿Piensas que me voy a ir al infierno?"

En vez de traer esperanza, las oraciones de sanidad conducen algunos a la desesperación.

UN DIOS QUE SANA

Si queremos reconstruir nuestro pensar y vivir, necesitamos cambiar lo que creemos y cómo actuamos. Eso es especialmente cierto si queremos encontrar sentido a la relación de Dios con el abuso, la tragedia y el mal. Para ser transformados, necesitamos reformar nuestras creencias.

Hemos visto que reconstruir requiere cambiar nuestra perspectiva del poder de Dios. No deberíamos culpar a Dios por el mal, porque Dios no lo puede impedir sin ayuda. Dios tampoco causa ni permite el sufrimiento, sino que siempre expresa amor que no controla.

También hemos visto que Dios empatiza con nosotros. *Realmente* le importa a Dios, porque experimenta nuestra miseria y dolor. Dios tiene compasión y sufre junto a quienes han sido dañados. No estamos solos, porque tenemos un compañero Sufriente comprensivo.

Pero... después de haber sido heridos, también queremos *sanar*.

No es suficiente decir que Dios no puede impedir el mal que hemos sufrido o presenciado, aunque eso es importante. No es suficiente decir que Dios siente nuestro dolor y nos consuela, aunque eso también es importante. También queremos mejorar.

Queremos recuperarnos.

Una tercera creencia útil es que Dios obra para sanar a quienes están quebrantados y abusados, sangrantes y con cicatrices, heridos y confundidos. Dios responde al mal obrando para mejorar las cosas. La sanidad que Dios busca puede ser emocional, física, relacional o espiritual. La restauración toma muchas formas.

La sanidad es el enfoque de este capítulo, pero hay confusión alrededor de este tema. Entender *cómo* Dios sana y *por qué* muchos no son sanados agrega claridad.

Para responder *cómo* y *por qué*, necesitamos exponer algunos mitos de la sanidad. Las ideas falsas nos frustran y nos hacen enojar, y roban nuestra motivación para para buscar la sanidad. Necesitaremos identificar las ideas falsas y rechazarlas.

Necesitamos de-construir los mitos acerca de la sanidad para reconstruir nuestras vidas dañadas.

¿DIOS NO SANA?

¿Quieres una discusión acalorada? ¡Pregúntale a un grupo aleatorio de personas si Dios sana!

Algunos negarán la sanidad divina. Muchos han orado por milagros, pero sus oraciones no han recibido respuesta. La restauración nunca se materializó. La mayoría de los escépticos tiene los ojos abiertos a las realidades de la vida y son honestos acerca de sus decepciones de Dios.

Los negadores de la sanidad explican las pocas recuperaciones de varias formas. Algunas involucran mal diagnóstico. Otras ocurren a través de los poderes naturales del cuerpo. A veces somos sanados porque la medicina moderna hace su trabajo. Los escépticos a veces acreditan el poder de los buenos deseos. El efecto placebo es poderoso.

Quienes niegan la sanidad sobrenatural notan las dudosas reputaciones de la mayoría de los sanadores de fe. Abundan estafas, trucos y falsas promesas. O citarán falta de información empírica que muestre que la sanidad genuina ocurrió. Quienes declaran ser sanados raramente consultan médicos para verificar sus declaraciones.

Los negadores tienen puntos válidos, pero el hecho permanece: *algunas* personas mejoran. *Algunas* sanidades parecen auténticas. Las explicaciones que los escépticos dan pueden tener validez, pero no dan cuenta de *todas* las sanidades legítimas.

Quienes niegan la sanidad, a menudo hacen una pregunta importante: si Dios puede sanar a cualquiera en cualquier momento, ¿por qué no hay *más* personas sanadas? ¿Acaso Dios es tacaño?

Capítulo 3: Dios Obra Para Sanar

La gente ora pidiendo sanidad más a menudo de lo que Dios parece responder. ¿Acaso Dios tiene favoritos, y su "Lista de Favoritos" es extremadamente corta? ¿Se duerme Dios en el trabajo? Peor, ¿acaso está esperando a que nosotros le roguemos, supliquemos o despabilemos antes de intervenir? ¿Acaso Dios dice, "No voy a sanar todavía, estoy esperando ochenta y siete oraciones más?"

Hemos estado preguntando por qué un Dios amoroso y poderoso no impide el mal. Hay una pregunta relacionada que yo llamo "el problema de la sanidad selectiva." Se cuestiona por qué un Dios amoroso y poderoso sana tan infrecuentemente. ¿Por qué la mayoría de la gente no experimenta instantáneamente la sanidad que Dios supuestamente provee?

Si Dios sana, ¿por qué no sana *mucho más* frecuentemente?

¿DIOS SIEMPRE SANA?

Escuchemos a quienes están al otro lado de esta conversación. Algunos argumentan fuertemente que Dios sana. Son Verdaderos Creyentes.

Los Verdaderos Creyentes cuentan sanidades dramáticas de las que han sido testigos. Señalarán sus propias sanidades o informarán las experiencias de otros. Algunos identificarán sanadores de fe cuya tasa de éxito afirman ser alta si no del 100 por ciento. Dirán que la sanidad frecuentemente ocurre en tierras extranjeras y se lamentarán del rechazo del mundo moderno hacia lo sobrenatural.

Los cristianos que insisten que Dios sana apuntan a la Biblia como la evidencia por excelencia. Muchas historias dicen que

Dios trae sanidad, plenitud y prosperidad. Otros pasajes prometen sanidad y dicen que Dios es el gran médico.

Los Verdaderos Creyentes a veces usan la Biblia como un as ganador. Piensan que los que cuestionan la sanidad cuestionan la autoridad de la Biblia. "Los cristianos que creen en la Biblia no dudan del poder sanador de Dios," dicen.

En su exuberante testimonio de la sanidad llena de gracia de Dios, los Verdaderos Creyentes pasan por alto una preocupante implicación de su declaración: quienes no sanan *no* son receptores de la gracia sanadora de Dios. Ese es el problema de los milagros selectivos: si Dios está tan lleno de gracia, ¿por qué no hay muchas más personas sanadas?

De hecho, ¿por qué Dios no sana a *todo mundo*?

Mi amigo Adam lo pone de esta forma: "Cuando grito desde las azoteas que Dios me sanó, las personas heridas cuestionarán si Dios *realmente* lo ha hecho. Y si Dios lo hizo, ¿por qué no los sana a ellos?"

Los Verdaderos Creyentes ofrecen respuestas a por qué Dios no siempre sana. Algunos afirman que el Diablo o los demonios impiden la recuperación, aunque la mayoría piensa que Dios puede sanar sin importar qué hagan los demonios. Otros culpan a los sobrevivientes por su falta de fe. ¡Pero decirle a una víctima de abuso que le falta fe es no tener corazón! El prepotente haciendo sentir culpable a otros.

Algunos Verdaderos Creyentes apelan a un misterioso plan divino. Afirman que de acuerdo a este plan, es mejor que algunas personas mueran de cáncer, nunca se recuperen de la enfermedad o vivan en condiciones profundamente debilitantes. Este plan incluye a millones que nunca sanan de traumas.

Algunas personas en este plan serán abusadas sexualmente o torturadas consistentemente. Por mi parte, ¡honestamente yo no puedo llamar a tal plan "amoroso"!

Otros dicen que nuestros problemas son castigo de Dios. Dios le está enseñando una lección a los que están lastimados. "Sin pena no hay gloria," dicen. "¡Mejor ser castigado en esta vida y aprender de eso que pasar la eternidad en el infierno!"

A lo cual respondo: "¡No quiero pasar la eternidad con un Dios que castiga!"

EL DOCTOR SALIÓ

Cuando tenía veintitantos, exploré a consciencia cualquier escrito sobre sanidad que pudiera encontrar. Mi viaje comenzó con un libro de John Wimber, e incluyó escritos de cristianos carismáticos, católicos y pentecostales. Leí historias poderosas. Los autores apelaban a la Biblia, y encontré que muchos argumentos eran persuasivos. Construían un caso sólido para creer que Dios sana.

Envalentonado por lo que leí, inicié un ministerio de sanidad. Oraba por los enfermos, debilitados y afectados. Imitaba las técnicas de sanidad y copiaba las frases que encontré en mi investigación. Ungía a los enfermos con aceite, colocaba mis manos sobre sus cabezas y oraba en voz alta con fervor. Oraba en contra de demonios, espíritus y poderes quienes, se me había dicho, podían ser la fuente de los problemas. Me uní a servicios de sanidad, observé a sanadores dotados y seguí ministerios de sanidad.

Entré de lleno.

Después de unos cuantos años, tuve que admitir que no estaba viendo resultados. Pocas personas fueron sanadas. Quienes sí declararon sanidad fueron curados de padecimientos relativamente leves como dolores de cabeza o resfriados. Descubrí que otros que oraban por sanidad tampoco veían resultados positivos. Me volví escéptico acerca de las afirmaciones de sanidad que escuchaba y consideré la mayoría de los testimonios de sanidad como noticias falsas.

Durante esos años, descubrí un pequeño grupo de creyentes que afirmaban saber por qué fallan las oraciones de sanidad. Llamaban a su perspectiva "cesación," y creían que Dios ya no sanaba más.

Los cesacionistas admiten que Dios sanaba hace mucho, como la Biblia describe. Y creen que Dios *podría* sanar ahora, si quisiera hacerlo. Los cesacionistas creen que Dios voluntariamente ha cesado la sanidad en nuestros días. El Doctor está de vacaciones.

La perspectiva de cesación ofrece una razón por qué las oraciones de sanidad fallan: Dios no las contesta. Pero no explica las sanidades que sí ocurren, tan infrecuentes como sean. Más importante, la perspectiva de cesación no explica bien por qué Dios *dejó* de sanar. No ofrece una razón convincente por qué Dios renunciaría a ayudar a los abusados, heridos y enfermos.

SI ES TU VOLUNTAD

Durante este tiempo, empecé a escuchar un agregado a las oraciones de sanidad. De hecho, yo mismo pronuncié la frase unas pocas veces antes de sentirme insatisfecho con ella. Justo después de pedir a Dios que sanara, escuchaba a la gente agregar, "si es tu voluntad."

"Por favor sana a Jane de leucemia," escuché a alguien orar, "si es tu voluntad."

"Oramos en contra del demonio de epilepsia y te pedimos que sanes a nuestro hermano que está sufriendo," dijo otro, "si es tu voluntad."

"Sabemos que puedes sanar instantáneamente al ciego, hacer que esta mujer en silla de ruedas camine, sanar a este infante con mal funcionamiento de órganos internos, sanar a esta adolescente con depresión, sanar su VIH/SIDA, curarla de Alzheimer, sanar su esclerosis múltiple, sanar su anemia de células falciformes... si es tu voluntad."

¿Si es tu voluntad? ¡Qué...!

¿No sería la voluntad de un Dios amoroso que fuéramos libre de dolor sin sentido y enfermedad innecesaria? ¿No sería la voluntad de Dios ayudar al abusado, confundido, herido y enfermo? ¿No querría Dios ayudar a los que tienen cicatrices emocionales? ¿No es parte de "Dios nos ama" el que Dios actúa por nuestro bien, en todas las dimensiones?

Otras preguntas se levantan si pensamos que Dios es amoroso y quiere sanar. Si sanar es la voluntad de Dios y puede hacerlo sin ninguna contribución externa, ¿por qué necesitamos pedir? Un Dios amoroso no demandaría de nosotros rogar o arrastrase. Un Dios amoroso que pudiera sanar sin ayuda haría lo que es mejor ya sea que oráramos o no.

Otra pregunta se relaciona: si sanar *no* es la voluntad de Dios, ¿por qué pedirlo? Si Dios no quiere curar algún padecimiento, nuestra oración parece fútil. Estamos desperdiciando nuestro tiempo. Si Dios no quiere hacer porque no es amoroso, ¿por qué torcerle el brazo?

Con el tiempo, llegué a creer que "si es tu voluntad" es una frase para cubrirte el trasero pronunciada para evitar las preguntas difíciles que todos hacemos cuando la oración de sanidad falla. "Si es tu voluntad" no tiene sentido.

Necesitamos una explicación plausible por qué a veces ocurre la sanidad pero a menudo no.

TRAUMA

A veces la confusión más grande no viene del dolor en el momento sino de los traumas persistentes que experimentamos después de la injusticia y el mal. El abuso a largo plazo puede ser especialmente debilitante y causar trauma a largo plazo. Las secuelas de la violencia nos pueden suspender en una repetición de sufrimiento a través de emociones y memorias dolorosas.

Paul sirvió en Tormenta del Desierto e Iraq. Como muchos veteranos, él ahora sufre TEPT — Trastorno de Estrés Post Traumático. Después de escuchar una presentación sobre el trauma, se acercó a la oradora y dijo, "Sé que probablemente tengo todos los síntomas de los que está hablando… pero principalmente sólo se siente triste. Me siento triste todo el tiempo."

A diferencia de muchos que sufren trauma, Paul no había dejado la iglesia. De hecho, él es un ministro. Pero expresa una verdad que otros sobrevivientes de trauma conocen demasiado bien, cuando dijo, "La iglesia no proveyó un lugar para traer mi experiencia."[23]

Las heridas permanecen, como lo hacen nuestras memorias de experiencias horrendas. Las víctimas de abuso sexual, manipulación psicológica y conflicto político pueden sufrir trauma continuo. Los pensamientos y sentimientos negativos inundan a las personas traumatizadas contra su voluntad.

La teóloga Shelly Rambo describe bien el trauma cuando dice, "Una desconexión básica ocurre de lo que una sabe que es verdadero y seguro en el mundo." El evento traumático "se convierte en el evento definitorio más allá del cual poco se puede concebir."[24] El trauma persiste porque los efectos del mal a menudo persisten.

Sin ninguna falta de su parte, los sobrevivientes del trauma no siempre experimentan una vida victoriosa, libre de lo que les aflige. Su sufrimiento no se va. A pesar de sus esfuerzos, no se pueden adaptar, no pueden superar, no pueden encontrar resurrección. Los eventos y memorias del pasado ejercen una fuerza que no pueden resistir completamente.

Los Verdaderos Creyentes en la sanidad pueden no reconocer cómo afectan negativamente a los sobrevivientes del trauma. Si Dios puede arreglar problemas rápido y sin ayuda, se sigue por lógica que Dios quiere el trauma continuo de a quienes *no* sana rápido y sin ayuda.

Si la sanidad viene a los sobrevivientes del trauma, raramente es total. Mi amigo Mark lo pone de esta manera, "No importa de cuánta sanidad disfrutemos, siempre tendremos algunas grietas en nuestras vasijas, niebla en el espejo de nuestras almas y defectos en nuestra visión." Algo del trauma permanece.

Una explicación plausible debe dar cuenta de la sanidad y del trauma no sanado.

UN EVANGÉLICO DEJA DE CREER

Uno de los destacados expertos en Biblia de América fue alguna vez un evangélico que ya no cree más en Dios. Estudiar detenidamente los asuntos del mal y la sanidad llevó a este experto, Bart Ehrman, a rechazar su largamente sostenida fe.

En su libro, *¿Dónde está Dios?: El problema del sufrimiento humano*, Bart examina cómo los escritores bíblicos abordan el mal. Él trata pasajes clave en el Antiguo y Nuevo Testamentos, identificando explicaciones propuestas para el mal.

Bart concluye que la Biblia ofrece múltiples respuestas al sufrimiento. Pero ninguna de esas respuestas satisface. La Biblia falla en responder —al menos de una manera directa— la pregunta que las personas heridas hacen: "¿Por qué Dios no impidió mi sufrimiento?"

"Si hay un Dios," escribe Bart hacia el final del libro, "Él no es la clase de ser en el cual creí como evangélico: una deidad personal que tiene el poder final sobre este mundo e interviene en asuntos humanos para implementar su voluntad entre nosotros."

El Dios que interviene no existe.

Los Verdaderos Creyentes en la sanidad divina pueden no estar de acuerdo, por supuesto. Pero la respuesta de Bart es poderosa: "Si Dios cura el cáncer, ¿entonces por qué millones mueren de cáncer? Si la respuesta es que es un misterio ('Dios actúa de formas misteriosas') es lo mismo que decir que *no* sabemos qué hace Dios o cómo es él. Entonces, ¿para qué pretender que lo sabemos?"[25]

Yo creo que Ehrman tiene razón... al menos en una cosa: la carta del misterio no será suficiente.

Quienes creen que Dios sana deben dar una explicación razonable para su creencia. Si no tienen idea acerca de lo que Dios hace o de cómo es ("Dios actúa de formas misteriosas"),

Capítulo 3: Dios Obra Para Sanar

deberían dejar de decir que creen en Dios. La creencia debe tener algún contenido.

Pero si los creyentes piensan que pueden conocer *algo* acerca de lo que Dios hace y cómo es, necesitan proveer una explicación plausible para el porqué algunos son curados de cáncer mientras otros millones mueren.

Nosotros que creemos en Dios necesitamos una teoría de sanidad divina que tenga sentido.

SIEMPRE PRESENTE Y SIEMPRE AMOROSO

Para reconstruir nuestro pensar y vivir, necesitamos creer que Dios obra para sanar. Para explicar qué significa "Dios obra para sanar," ofrezco cuatro "pasos." Ellos responden a la pregunta que hemos estado explorando.

Para reconstruir, debemos superar los mitos y abrazar verdades acerca de la sanidad.

El primer paso hacia encontrar sentido a la sanidad es creer que Dios está siempre presente a toda la creación y siempre ama hasta lo sumo. Dios es omnipresente y omni-amoroso.

Estas ideas pueden parecer dóciles. Muchas personas creen que Dios ama a todas las personas y a todas las cosas. Y muchos piensan que Dios está presente a toda la creación. Pero pocos consideran las implicaciones radicales de estas creencias.

Toda significa... ¡toda!

Dios está presente desde los niveles de vida más pequeños hasta los más grandes. Dios está presente para cada célula, molécula de aire y átomo. Dios está presente para cada mundo, galaxia y universo. Dios está presente para cada criatura, grande y pequeña, incluyendo tú y yo.

El amor de Dios para toda significa que Dios obra por el bienestar de *toda* la creación. Ello no significa que a Dios *le guste* todo lo que hacemos. A Dios no le gusta el mal, por ejemplo. Dios odia las violaciones, asesinatos, mentiras, traiciones, tortura, y otras cosas. Pero Dios obra por el bien de los malhechores sin gustarle el mal que hacen. Y ya que todos hemos hecho mal, ¡es bueno saber que Dios ama a pesar de lo que hemos hecho!

Dios está obrando amorosamente, en cada momento, en cada nivel de la creación.

A menudo pedimos ayuda en momentos de crisis. Clamamos por intervención divina. En desesperación, suplicamos por una salida: "¡Ayúdame, Dios!"

Si nos detenemos a pensar, sin embargo, la peticiones de "intervención" no tienen sentido. Si Dios ya está presente y actuando en favor del bien todo el tiempo, no necesitamos que entre en nuestra situación. Dios ya está aquí; un Dios omnipresente está en todas partes.

Dios nunca interviene, ¡porque Dios está siempre ya presente! Esto tiene implicaciones poderosas para entender la sanidad. Si pensamos que Dios está amorosamente presente todo el tiempo, esto significa que está presente para nuestros átomos, células, neuronas, músculos, órganos, miembros y nuestra mente —para cada pedazo de quienes somos. Dios está con cada parte de nosotros, momento a momento, en cada situación.

El Dios que siempre ama está siempre trabajando ya para sanar. No necesitamos adular, suplicar o rogar. No hay necesidad de rebajarse o arrastrase en cuatro patas, agazapándose con la esperanza de que un Dios enojado se aplaque y venga al rescate. Dios no entra en una situación desde el exterior como si previamente estuviera fuera en otro negocio. Dios siempre está obrando en todas partes sanando lo más posible, dadas las circunstancias. Necesitaremos explorar qué quiero decir con "sanando lo más posible, dadas las circunstancias." Eso debe esperar. Movámonos al segundo paso necesario para encontrar el sentido de la sanidad.

OBRA AL LADO DE PERSONAS Y OTRAS ENTIDADES

El segundo paso para entender la sanidad dice que Dios obra al lado de personas y la creación.

Decir, "Dios obra al lado" no significa que Dios sólo obra indirectamente. Dios nos conoce personalmente y nos ama específicamente al obrar directamente para sanar.

"Dios obra al lado" de personas y otros en la creación significa que Dios nunca es la *única* causa en cualquier situación. Otros agentes y causas —buenas, malas o indiferentes— también afectan lo que sucede. Somos seres relacionales en un universo interrelacionado, así que *siempre* somos afectados por otros. Vivimos en una red social.

Entonces... ¿al lado de quién obra Dios cuando obra para sanar?

Déjame empezar con profesionales del cuidado de la salud. Dios trabaja con médicos, enfermeras, farmacéuticos, especialistas médicos, nutricionistas y sanadores "alternativos." Dios inspira a estos ayudadores y trabaja a su lado. Tanto los cuidadores de la salud como Dios nos influyen directamente.

Quienes preguntan, "¿Te sanó Dios o lo hizo un doctor?" presentan una falsa elección. Cuando encontramos sanidad a través de cirugía, terapia física, medicamentos recetados, nutrición y cosas por el estilo, encontramos a Dios y a las personas obrando juntas en favor de resultados positivos. Toda la sanidad —no importa cómo ocurra— tiene a Dios como su fuente. ¡Dios incluso trabaja con proveedores de cuidado de la salud que no creen en Dios!

Dios también obra al lado de personas con experiencias extraordinarias, educación especializada y dones únicos. Estas personas pueden ser pastores, consejeros, trabajadores sociales o coaches de vida. A veces el consejo práctico de personas normales —con títulos en los golpes de la vida— ayuda al abusado, enfermo y herido.

Varios grupos y comunidades pueden jugar papeles importantes en la obra de Dios para sanar. Alcohólicos Anónimos y otros grupos "Anónimos," por ejemplo, enfatizan creer en un "poder superior," rendición de cuentas grupal y la responsabilidad personal en los pasos hacia la sanidad. Celebrate Recovery explícitamente se refiere a la sanidad de Dios, pero también enfatiza la rendición de cuentas grupal y la acción personal para superar heridas, hábitos y obsesiones.

Podría listar muchas personas y grupos a cuyo lado Dios obra. Pero mencionaré sólo uno más: amistades y familias amorosas. Por supuesto, quienes están cerca a veces causan nuestro dolor y sufrimiento. Pero las amistades y familias *amorosas* son fuentes poderosas a cuyo lado Dios obra para sanar. Hay verdad en el dicho, "la amistad sana." Nuestra recuperación puede ser un esfuerzo en familia.

Veamos ahora las fuerzas dentro de nosotros. Nuestras propias acciones, pensamientos y hábitos pueden ser fuentes de sanidad, porque lo que hacemos hace la diferencia en nuestro bienestar mental y físico. Los hábitos negativos, los patrones de pensamiento destructivos, elecciones tontas, mala alimentación, falta de descanso y nada de ejercicio nos dañan. Dios alienta acciones positivas, constructivas y sabias y las usa cuando sana.

Las decisiones para cambiar nuestros patrones de pensamiento, hábitos alimenticios, régimen de ejercicio o descanso a menudo juegan el papel más importante en la sanidad. ¡Lo que hacemos sí importa!

Sumerjámonos más profundo. Nuestras células, órganos, sangre, músculos y otras entidades corporales también son causas a cuyo lado Dios obra para sanar. Dios está presente *directamente* para cada parte de nuestros cuerpos, desde la más pequeña a la más grande. Los organismos en nuestros cuerpos pueden jugar papeles clave en la sanidad que Dios quiere hacer.

Si creemos que Dios obra para sanar al lado de toda la creación y si contamos entre las sanidades aquellas que ocurren al trabajar Dios al lado de médicos, enfermeras, terapeutas, medicinas, pastores, trabajadores sociales, asistentes entrenados o no entrenados, gente común, nuestras propias prácticas y las causas, agentes y fuerzas de nuestro cuerpo, nos daremos cuenta de que bastante más sanidad ocurre que lo que pensábamos previamente. ¡Hay un montón de sanidad sucediendo!

Dios *está* en la empresa de la sanidad. Y el Gran Médico busca socios — de las entidades más pequeñas, a cada persona, a las sociedades más grandes— para esta aventura compartida.

DIOS NO PUEDE SANAR SIN AYUDA

El tercer paso es crucial para entender por qué muchos *no* son sanados. Expande la idea del paso dos, a la vez que recoge lo que aprendimos acerca del poder de Dios que no controla. El tercer paso para explicar la sanidad dice que Dios *no puede* sanar sin ayuda.

Muchas personas creen que Dios sana por decreto absoluto. "¡Shazam!" y la sanidad ocurre unilateralmente. Pero esta creencia resulta en enormes problemas. De hecho, es el primer obstáculo que nos aleja de entender por qué no somos sanados. Si Dios puede sanar sin ayuda, ¡debería solucionar nuestros problemas actuando a solas!

Hay una mejor forma de pensar. Si creemos que Dios siempre obra para sanar pero *no puede* sanar sin ayuda, encontramos sentido a por qué algunos no son sanados. La sanidad divina no es un "¡Zap!" solitario, controlador. No es control sobrenatural. La sanidad requiere cooperación, porque Dios siempre expresa amor que no controla.

Cuando entendemos que Dios no puede sanar sin ayuda, resolvemos el problema de los milagros selectivos. Si Dios siempre obra para sanar pero no puede controlar a nadie ni nada, no es su culpa cuando no somos sanados.

El Gran Sanador no elige sanar a algunos pero pasar por alto a otros. Dios no está dormido en el trabajo ni esperando a sanar hasta que hayamos orado lo fuerte y largo suficiente. El Dios de amor que no controla siempre obra para sanar a todos pero no puede sanar a nadie a través de imponer su poder.

La obra de Dios para sanar es siempre no controladora, porque Dios siempre ama, y el amor nunca controla.

Capítulo 3: Dios Obra Para Sanar

Dios obra en todos los niveles de la realidad, desde los más pequeños átomos, células y órganos a animales, personas y sociedades. Y busca trabajar en equipo en cada nivel. Pero cuando las criaturas no cooperan o las condiciones en nuestro cuerpo no son correctas, la obra de Dios para sanar se frustra.

El trabajo en equipo efectivo entre Creador y creación produce cada auténtica sanidad o milagro que alguna vez ha ocurrido. Las criaturas deben cooperar con Dios o las condiciones inanimadas de la creación deben ser conducentes para que la obra milagrosa de Dios produzca fruto. Los milagros no son la obra de Dios solamente ni la obra de la creación solamente.[26]

Cuando nos damos cuenta de que Dios no puede sanar sin ayuda, las palabras de Jesús acerca de la fe tienen sentido. Apuntan al papel que la creación debe jugar. Cuando Jesús dice, "Tu fe te ha hecho bien," está diciendo, "Has cooperado con el amor sanador de Dios." Y cuando Jesús "no hizo muchos milagros (en Nazaret) por su falta de fe" (Mt. 13:58), es como decir, "Algunas personas no cooperan con los esfuerzos de Dios para sanar."

Debido a que Dios *no puede* sanar sin ayuda, la falta de cooperación o las condiciones inoportunas en la creación obstaculizan la obra de Dios en favor de nuestra recuperación.

TENER SUFICIENTE FE
Pero...
 y quiero enfatizar esto,
  decir que Dios necesita cooperación *no* significa que ¡todos los que no son sanados no cooperaron! Déjame repetir: Creer que Dios necesita cooperación de las criaturas o las

condiciones adecuadas *no* significa que todos los enfermos, abusados, deprimidos, sufriendo, padeciendo o muriendo no tienen fe cooperadora.

Raramente deberíamos culpar a quienes sufren, se enferman o están en dolor por no ser sanados.

Por supuesto, hay excepciones. La mujer que le pide a Dios que la sane de terrores nocturnos pero que frecuentemente ve películas de terror no está demostrando la fe cooperadora que Dios necesita. El hombre que ora para ser sano de complicaciones en el hígado y al mismo tiempo bebe excesivamente no está demostrando fe cooperadora. La chica que ora para que su cáncer en la piel sane pero frecuentemente toma baños de sol sin protección no está cooperando con Dios. Cuando tratamos continuamente nuestros cuerpos y nuestras mentes de maneras dañinas, no estamos expresando fe cooperadora.

La mayoría de las veces, las personas que piden la sanidad de Dios *sí* cooperan. Dicen, "Sí," a la obra de Dios. Hacen lo que pueden para evitar el daño y la enfermedad. La mayoría de las personas oran con abundante fe cooperadora.

Esto es especialmente cierto acerca de quienes lidian con el trauma. El pasado los acecha, y quieren superarlo. Los sobrevivientes de trauma claman a Dios, buscando redención, sanidad y esperanza. Las memorias acechan, sin embargo, y el trauma persiste. No es su culpa.

Entonces... ¿por qué no sanan todos los que cooperan con fe?

Para contestar esta pregunta, regresamos al paso dos: Dios obra al lado de actores, agentes, factores y causas. Mencioné principalmente ejemplos de causas conducentes al explicar ese paso. Apunté principalmente a personas que cooperan con la obra sanadora de Dios. Algunas causas dentro de nosotros y en nuestros ambientes *no* son positivas. Otras personas no cooperan con Dios, aun cuando nosotros sí lo hagamos. ¡Las víctimas de abuso, tortura, negligencia, violación y tiroteos saben bien esto! Aquellos dañados por desastres, enfermedades y mutaciones genéticas también lo saben. Los accidentes inesperados pueden causar gran daño. A veces, fuerzas más allá de nuestros cuerpos o causas dentro de ellos obstaculizan la sanidad que Dios quiere.

La mujer que pide a Dios sanarla de su depresión, por ejemplo, puede ser la involuntaria sujeta de una relación emocionalmente abusiva. El anciano con enfermedad aguda puede orar con fe completa pidiendo ayuda pero sin saber bebe agua contaminada por una mina de carbón. El adolescente con cáncer puede orar, pero sus células cancerosas pueden no responder a la influencia directa de Dios en las medicinas que los doctores administran. El chico que sufre de trastorno de personalidad busca la sanidad divina pero el desequilibrio químico en su cerebro presenta condiciones que Dios no puede superar a solas. La clavadista paralizada del cuello hacia abajo puede tener condiciones en sus huesos y cuerpo que impiden la sanidad completa.

Nuestras células, órganos, moléculas, tejidos, huesos y otros aspectos del cuerpo tienen capacidades propias. Ni Dios ni nuestras mentes las controlan completamente. Así que cuando tenemos palpitaciones cardíacas, desequilibrios químicos, virus, órganos dañados, células cancerosas, defectos genéticos y más, Dios no puede dominar los actores y condiciones deficientes que causan estos problemas.

Los eventos negativos del pasado también afectan el presente. Dios no los pudo controlar cuando ocurrieron. Y Dios no puede eliminar sin ayuda su fuerza en el presente. En consecuencia, pueden causar trauma.

Factores dentro o fuera de nosotros pueden frustrar la obra de Dios para sanar.

Quizá mi frase, Dios está "obrando para sanar lo más posible, dadas las circunstancias" ahora tiene sentido. Dios siempre trabaja al lado de personas y la creación cuando sana. "Sanar lo más posible, dadas las circunstancias" implica que la creación puede no cooperar. Las entidades inanimadas y las condiciones pueden no estar alineadas para la sanidad que Dios quiere.

Todo esto significa que las circunstancias de la vida —en nuestros cuerpos y más allá de ellos— presentan oportunidades y desafíos para la sanidad de Dios. Dios no puede dominarlas o pasarlas por alto, porque Dios ama *toda* la creación, y este amor *siempre* es no controlador.

Cuando nosotros u otras criaturas cooperamos o cuando las condiciones son adecuadas, Dios sana. ¡Gracias a Dios! Cuando las criaturas no cooperan o las condiciones no son adecuadas, los esfuerzos de sanidad de Dios se frustran. ¡Culpa de la creación!

Esta perspectiva también ayuda a explicar cómo funciona la oración de sanidad. La oración *sí* hace una diferencia en la obra de Dios para sanar. No *obliga* a Dios a hacer lo que pedimos, por supuesto. Y nuestras oraciones no habilitan a Dios para controlar a otros. Dios no es una máquina expendedora que automáticamente expulsa un milagro cuando insertamos una moneda de oración. Pero la oración altera circunstancias en nuestros cuerpos y el mundo. Presenta nuevas oportunidades para que Dios sane. La oración abre nuevas posibilidades para el amor de Dios.²⁷

ALGUNA SANIDAD DEBE ESPERAR

Entonces si Dios quiere sanar pero no puede sin ayuda, ¿hay esperanza para quienes no se recuperan?

¿Somos prisioneros de nuestros a veces no cooperadores cuerpos? ¿Estamos destinados a la opresión interminable por parte de quienes no cooperan con Dios? ¿Estamos para siempre sujetos a condiciones inadecuadas para sanar? ¿Pueden quienes creen pero enfrentan condiciones, fuerzas o factores limitantes *alguna vez* ser sanados? ¿Hay esperanza para los sobrevivientes de trauma?

Afortunadamente, ¡hay esperanza!

El cuarto paso para explicar la sanidad dice que el amor que no controla de Dios se extiende más allá de la muerte. Seguimos viviendo más allá de la tumba porque la presencia amorosa de Dios provee experiencia continua después de que nuestros cuerpos mueren. Hay una vida futura libre de nuestros actuales cuerpos y condiciones físicas que resisten la obra de Dios para sanar. ¡Nuestro sueño de existir sin dolor corporal, abuso de parte de otros, trauma y otros males puede hacerse realidad un día!

Por favor entiéndeme. No estoy apelando a la vida después de la muerte como una salida fácil. No estoy apelando a fantasías de castillos en las nubes cuando las preguntas se vuelven difíciles.

Hay buenas razones para creer que continuamos experimentando después de que nuestros cuerpos mueren.

Los cristianos encuentran en la Biblia muchas imágenes e historias acerca de la vida después de la muerte. La resurrección de Jesús es evidencia primaria de que continuamos existiendo después de que nuestros cuerpos mueren. Otras religiones y textos sagrados hablan de la vida más allá. Incluso algunos que no creen en Dios —p.e., los antiguos griegos— afirman la vida después de la muerte.

Deberíamos escuchar el testimonio de innumerables personas que han tenido experiencias cercanas a la muerte. Las descripciones varían, pero testigos a través de los tiempos y culturas hablan de una consciencia continua después de que sus corazones se detuvieron y sus cuerpos fueron declarados muertos. Algunos hablan de observar eventos "desde arriba," estar conscientes de moverse hacia una luz, interactuar con otros sin cuerpo y cosas por el estilo.

Si quieres testimonios intrigantes que apoyan la realidad de la vida después de la muerte, pasa unos días con directores veteranos de funerarias. Las historias que cuentan y las cosas que han visto no pueden ser fácilmente descartadas. Basándose en la amplia variedad de experiencias, muchos trabajadores fúnebres sospechan que la vida continúa en alguna manera más allá de la muerte.

O pasa tiempo platicando con quienes meditan por largos periodos. Algunas prácticas generan extraordinarias experiencias extra-corporales. Los devotos consumados informan dejar sus cuerpos y luego regresar. Estos informes no son acerca de vida después de la muerte específicamente, pero ofrecen evidencia de cómo retenemos experiencia consciente fuera de nuestros cuerpos.

Ninguna de estas fuentes *prueba* la vida después de la muerte, por supuesto, mucho menos especifica los detalles. No hay argumentos de golazo. Nunca los hay. Pero partiendo de varias fuentes y testimonios, podemos construir perspectivas plausibles acerca de la vida más allá de la tumba.

TODO MUNDO MUERE

La Biblia ofrece varias perspectivas de lo que sucede después que morimos. Dos dominan. La primera dice que continuamos nuestras experiencias subjetivas como almas o mentes. En esta consciencia continua, nos relacionamos con Dios y otros en estados desencarnados del ser. En esta existencia almática, experimentamos consciencia relacional de nuestro pasado, de otros y de Dios.

La segunda perspectiva dice que tomamos cuerpos espirituales después de morir. Estos cuerpos no son duplicados exactos de los actuales. No retenemos las mismas células, neuronas, músculos, piel, cabello, etc. Las diferencias entre los cuerpos físicos y los cuerpos espirituales son grandes, pero puede haber similitudes.

En ambas perspectivas de la vida después de la muerte, encontramos continuidad con el presente y discontinuidad. Ambas dicen que continuamos teniendo experiencias. Ambas dicen que nuestros cuerpos actuales mueren y se degradan. Y ambas dicen que la presencia amorosa de Dios nos sostiene en la vida después de la muerte.

Va más allá de mi alcance el cómo es *exactamente* la vida después de la muerte. Ninguno de nosotros lo sabe, pero hay buenas razones para creer que puede ser mejor que la presente. Quienes sufrieron, fueron abusadas, lucharon con la enfermedad, vieron sus vidas terminar trágicamente o soportaron mucho dolor existirán en una nueva manera. Sus cuerpos actuales no serán más.

Lo viejo se irá, y lo nuevo vendrá.

Es importante recordar que todo mundo –no importa si sana en esta vida o no– eventualmente muere. Ninguna criatura continúa viviendo en esta forma presente. Y quienes sanaron de un padecimiento a menudo mueren de otro. Toda sanidad física es temporal.

Todo mundo muere porque todo *cuerpo* muere.

Como alguien que se ha sentado con quienes están en el umbral de la muerte, yo puedo testificar que la mayoría de la gente espera ansiosamente la libertad del dolor corporal. Otros anhelan desatarse de las relaciones dañinas en esta vida y renovar relaciones positivas con quienes ya se han ido. Los moribundos pueden sufrir violencia física, abuso emocional u opresión de los sistemas sociales. Muchos aguardan la existencia "al otro lado."

Nunca olvidaré a mi amiga Lois diciéndome que estaba feliz de "irse a casa." Otros habían cuidado de Lois por casi una década. Su cuerpo había sido pinchado y agujereado, su familia y amigos se habían agobiado y lamentado. En su espíritu, ella sabía que era tiempo de dejar su cuerpo y, como ella lo puso, "Ir a estar con Jesús."

Ya sea que las personas moribundas estén sufriendo poco o mucho, muchos anticipan la salud plena que Dios provee después de despojarse de este disturbio mortal. Dios obra para sanar ahora, pero alguna sanidad debe esperar hasta la vida por venir.

¿QUÉ TAL TE FUNCIONA ESO?

Debbie ha estado orando por sanidad, pero las cosas no se han solucionado. No sólo se pregunta si Dios sana, a veces se pregunta si Dios existe acaso.

Capítulo 3: Dios Obra Para Sanar

De niña, Debbie oraba, creyendo que Dios podía hacer cualquier cosa. Como adolescente, su lado científico emergió. Registró sus oraciones de sanidad y anotó si las personas mejoraban. Su tasa de oraciones exitosas era de un solo dígito.

En los últimos seis años, Debbie ha sufrido cuatro abortos. Después del primero, consultó con diligencia a los doctores, comió los alimentos correctos y desechó todo lo que pudiera minar embarazos futuros. Pero sus esfuerzos fueron en vano.

El dolor emocional y espiritual que cada aborto trae ha sido intenso. Durante su último embarazo, Debbie oraba: "Dios, guarda a mi bebé y a mí. ¡Sana lo que sea que causa estos abortos!"

Las amistades en la iglesia "explicaron" sus problemas. "Esto es parte del plan de Dios para tu vida," dijeron unos. "Lo que ha pasado te hará valorar aún más a tus hijos una vez que los tengas," dijeron otros. "Dios está formando tu carácter," dicen algunos.

Debbie y su esposo Dana empezaron terapia hace un año. Para iniciar la terapia, Debbie listó sus preguntas:

- ¿Existe Dios?
- Si es así, ¿Dios sana?
- Si Dios sana, ¿por qué tengo abortos?
- Si Dios no sana, ¿por qué la Biblia y tantas personas afirmarían la sanidad?

"Pocas personas toman sus dudas en serio," dijo su consejera en respuesta a la lista de Debbie. "¡Es lindo estar con personas dispuestas a hacer grandes preguntas!"

Después de varias sesiones, la consejera hizo una pregunta que Debbie nunca había considerado: "¿Qué si Dios quiere sanar pero *no puede*?"

"¿Dios no puede?" preguntó Debbie. Ella nunca había contemplado la posibilidad de que Dios es incapaz de hacer algo. Debbie cree en el libre albedrío pero había asumido que Dios podía arreglar lo que sea.

"¿Qué si además del libre albedrío," dijo la consejera, "varios factores en nuestras vidas —biológicos, ambientales, sociales, o aún a nivel cuántico— son a veces favorables para la sanidad pero otras veces no?"

"¿No un Dios amoroso manipularía esas cosas?" preguntó Debbie. "Quiero decir, si Dios realmente ama, ¿no intervendría o arreglaría las cosas adecuadamente en el mundo? Quiero creer en un Dios que *puede* sanar cuando quiera hacerlo."

"¿Qué tal te funciona esa creencia?" preguntó la consejera.

"No muy bien," admitió Debbie.

"Si piensas que un Dios amoroso no te quitaría tu libertad," continuó la consejera, "sólo es un pequeño paso para creer que Dios no puede controlar *otros* factores en tu cuerpo y vida."

"¿Entonces Dios no está haciendo nada?" preguntó Dana. "¿Sólo está sentado viéndonos desde el espacio exterior?"

"Tal vez," admitió la consejera. "Pero eso no explica la sanidad que *sí* ocurre. No explica el sentido que a veces tenemos de la presencia de Dios en nuestras vidas, nuestro sentido de lo correcto e incorrecto, la bondad, la belleza, la verdad y más."

"En vez de creer que Dios se desentiende," continuó la consejera, "quizá deberíamos creer que Dios siempre está guiando pero nunca dominando, siempre influenciando pero no manipulando."

Capítulo 3: Dios Obra Para Sanar

Debbie pensó acerca de su conversación. Las ideas funcionaban en varios niveles. Si Dios no puede controlar los factores necesarios para sanar, sus abortos no serían su culpa. Ni ella ni Dios pueden controlar su cuerpo completamente.

La semana pasada, Dana preguntó a Debbie, "¿Estás cómoda pensando que Dios está haciendo lo mejor que puede pero no siempre puede contestar tus oraciones?"

Debbie pensó por un momento. "Prefiero creer que Dios no siempre puede sanar," respondió ella, "¡que creer que Dios *podría* sanar pero escoge no hacerlo!"

"¿No te hace enojar?" preguntó Dana. "¿Qué hay de tus abortos? ¿Estás tratando de olvidarlos?"

"Aún estoy triste," respondió Debbie. "Y tal vez siempre me dolerá. Espero que no. Pero no culpo a Dios."

MITOS Y VERDADES

Hemos explorado cuatro pasos que explican por qué algunos encuentran sanidad y otros no. Para concluir, quiero mencionar algunos mitos y verdades acerca de la sanidad atados a estos pasos. Identificar los mitos nos ayuda a superar obstáculos para entender la sanidad. Identificar las verdades nos ayuda a reconstruir nuestro pensar y vivir.

Aquí hay quince mitos y verdades de la sanidad de este capítulo:

1. **Mito:** Dios sanó hace mucho tiempo pero ya no lo hace más.
Verdad: Dios siempre obra para sanar; esto era cierto en el pasado y es cierto en el presente.

2. **Mito:** Dios puede no sanar hasta que roguemos o aumentemos nuestra fe.
   Verdad: Dios obra para sanar aún antes que lo pidamos.

3. **Mito:** Para sanar, Dios debe intervenir sobrenaturalmente en nuestras vidas.
   Verdad: Dios ya está siempre presente y no necesita "entrar" en nuestras vidas o circunstancias.

4. **Mito:** Debemos agregar, "Si es tu voluntad" a las oraciones pidiendo a Dios que sane.
   Verdad: Siempre es la voluntad de Dios el sanar, así que este agregado es innecesario.

5. **Mito:** Nuestro dolor, sufrimiento y abuso son parte del plan de Dios ordenado previamente.
   Verdad: El plan de Dios no incluye causar o permitir el mal.

6. **Mito:** Dios ama sólo a veces y está presente sólo en algunos lugares.
   Verdad: Dios siempre ama a todos y está siempre presente obrando para sanar.

7. **Mito:** Dios es la única causa de sanidad.
   Verdad: Las criaturas —ya sean pequeñas o grandes— también juegan un papel en la sanidad.

8. **Mito:** Dios puede sanar sin ayuda.
   Verdad: Dios no puede sanar sin ayuda, porque hacerlo requeriría que Dios controle a las criaturas o la creación. El amor de Dios es inherentemente no controlador.

9. **Mito:** Hay sanidad natural, sanidad por los doctores y sanidad divina.
   Verdad: Toda sanidad involucra causas provocadas por las criaturas y por Dios.

10. **Mito:** Dios selecciona a quienes sanar y a quienes dejar que sufran.
    Verdad: Dios quiere sanar a todos, pero las condiciones en las criaturas o la falta de cooperación frustran los esfuerzos de Dios.

11. **Mito:** Quienes no sanaron no tuvieron suficiente fe.
    Verdad: Quienes no sanaron a menudo tienen mucha fe, pero sus cuerpos u otros factores impiden la sanidad.

12. **Mito:** Dios controla células, órganos y entidades mayores en nuestros cuerpos y en el ambiente.
    Verdad: Dios expresa amor no controlador a toda creación, grande y pequeña.

13. **Mito:** Nuestras oraciones por sanidad no hacen ninguna diferencia.
    Verdad: Nuestras oraciones alteran las circunstancias y pueden abrir posibilidades para la sanidad de Dios.

14. **Mito:** No hay esperanza para quienes cuya sanidad es estorbada por actores, factores y circunstancias.

    Verdad: Hay esperanza, pero alguna sanidad debe esperar hasta después de que nuestros cuerpos mueran.

15. **Mito:** Dios sólo sana en el cielo.

    Verdad: Dios obra para sanar en esta vida. Cuando nosotros, nuestros cuerpos u otros cooperan, o las condiciones son buenas, disfrutamos de la sanidad ahora.

CREENCIA #3 - DIOS OBRA PARA SANAR

La tercera idea que te invito a considerar es que Dios obra para sanar. Tu sufrimiento no era su voluntad. Dios ni lo causó ni lo permitió. Dios es un sanador que obra para curar tu quebranto.

La sanidad puede empezar ahora. Nosotros y otras fuerzas en la creación juegan un papel en la sanidad que Dios quiere. Algunas veces la sanidad ocurre en esta vida. Pero a veces factores y circunstancias más allá de nuestro control nos impiden experimentar la sanidad que Dios desea. Alguna sanidad debe esperar hasta la vida después de la muerte.

Hemos abordado tres ideas que necesitamos para encontrar sentido a nuestras vidas de cara al sufrimiento y el mal. Pero no hemos abordado la verdad de que a veces el bien proviene del mal. Así que en el siguiente capítulo nos tornamos hacia la cuarta idea radical que necesitamos abrazar.

Preguntas

1. En tu experiencia, ¿qué argumentos buenos dan los negadores de la sanidad?

2. ¿Qué argumentos buenos dan los Verdaderos Creyentes en la sanidad?

3. ¿Por qué las personas podrían sentirse inclinadas a agregar, "Si es tu voluntad," cuando oran por sanidad?

4. ¿Por qué podría gustar o no gustar a las personas la afirmación de que Dios *siempre* obra al lado de la creación cuando sana?

5. ¿Qué está en juego al creer que Dios no puede sanar sin ayuda?

6. ¿Por qué importa creer que Dios no puede controlar nuestras células y otros miembros corporales?

7. ¿Qué importancia tiene la vida después de la muerte para entender la sanidad?

Para recursos sobre la sanidad de Dios y asuntos relacionados, mira GodCant.com

CAPÍTULO 4

Dios Exprime el Bien del Mal

La historia de Joni Eareckson Tada es inspiradora. Es un relato de belleza que emerge de la tragedia.

De adolescente, Joni se echó un clavado en aguas poco profundas en la Bahía Chesapeake. Este mal cálculo la paralizó de los hombros abajo. Nunca más movería sus brazos y piernas con libertad.

En los años siguientes, Joni usó su limitada agencia en formas sorprendentes. Escribió una autobiografía de éxito en ventas, aprendió a pintar arte impresionante con sus dientes y ganó fama como oradora motivacional. Para la última parte de sus sesentas, Joni había escrito más de 40 libros, aparecido en películas y grabado álbumes de música. Fundó una organización para ayudar a la comunidad con necesidades especiales llamada "Joni and Friends International Disability Center." Instituciones académicas le otorgaron grados para honrar su vida y obra.

La historia de tragedia de Joni y su inspiración levantan una aguda pregunta. Se ha hecho a través de los milenios, y los sobrevivientes la hacen hoy. Podemos ponerla en estos términos:

Si el bien proviene del sufrimiento y Dios quiere el bien, ¿Es el sufrimiento voluntad de Dios?

¿DIOS PERMITE LO QUE ODIA Y CASTIGA A QUIENES AMA?

Joni cree que sus heridas son parte del plan de Dios. Desde su perspectiva, Dios causa o permite el sufrimiento por algún propósito. Todos los eventos —buenos y malos— son bosquejados previamente en el plano de Dios para la vida. Aquí está cómo Joni explica esta perspectiva cincuenta años después de su accidente:

> Medio siglo de parálisis también me ha mostrado cuán altas son las apuestas cósmicas. Cada que me inquieto en mi confinamiento, casi puedo oír a Satanás provocando a Dios —como lo hizo con Job— "Mírala, ¿ves? Ella no confía realmente en ti. ¡Pruébala con más dolor y verás de qué está hecha!"
>
> Allá en los 70´s, mi amigo del estudio bíblico, Steve Estes, compartió diez palabritas que fijaron el rumbo de mi vida: "Dios permite lo que odia para lograr lo que ama… Dios permite toda clase de cosas que él no aprueba. Dios odió la tortura, injusticia y traición que condujeron a la crucifixión. Aun así él las permitió para que el peor asesinato en el mundo se convirtiera en la única salvación del mundo. De la misma manera, Dios odia las lesiones de la médula espinal, aun así él las permitió para que Cristo esté en ti—como también en otros."[28]

Capítulo 4: Dios Exprime el Bien del Mal

En la perspectiva de Joni, Dios permite el mal para probarnos. Dios odia la tortura, la injusticia y la traición, pero las permite por algún propósito. Dios permitió su parálisis con algún bien futuro en mente. Joni va más allá. Ella piensa que Dios castiga a través de las lesiones, abuso y daño. En su perspectiva, Dios castigó su pecado con parálisis permanente. Joni lo pone de esta manera:

Cuando comparto mi testimonio, a menudo reflexiono cuán "desviada" me había vuelto en mi vida cristiana antes de mi accidente. "Sabes," dije recientemente, "Estaba involucrada en cosas bastante inmorales cuando podía caminar. Aunque era cristiana, estaba pecando muchísimo, yendo por un mal camino. Profundo en mi corazón, sé que si mi accidente no hubiera ocurrido, hubiera ignorado completamente mis convicciones en la universidad."

Alguien que me estaba escuchando me preguntó, "Joni, ¿estás diciendo que Dios te estaba castigando con un cuello roto?"

Era una buena pregunta. Mi mente fue a Hebreos 12:6 "El Señor disciplina al que ama, y azota a todo el que recibe como hijo." Y tuve que mirar a esa persona directo en los ojos y decir, "Sí, creo que Dios me estaba castigando por hacer mal."[29]

En la perspectiva de Joni, Dios permite lo que odia y castiga a quienes ama. Piensa en eso un momento: Dios permite lo que desprecia y lastima a quienes adora.

¿Tiene sentido?

EL BIEN QUE VIENE DESPUÉS DEL MAL

En los tres capítulos previos, hemos explorado ideas que nos ayudan a reconstruir nuestro pensar y vivir. Si esas ideas son verdad, no estamos obligados a pensar que Dios permite lo que odia. No necesitamos creer, como Joni lo hace, que Dios castiga a quienes él ama. Dios no paraliza a las personas por desobedecer.

Aunque podemos valorar y admirar la vida de Joni, no tenemos que estar de acuerdo con su perspectiva de Dios. Tiene más sentido creer que Dios no pudo impedir sin ayuda el accidente durante el clavado de Joni. Dios no es a quien culpar, porque Dios no hace el mal y no puede detenerlo. Abba ama consistentemente y nunca daña.

En vez de orquestar la tragedia, Dios sufre con las víctimas. El Amante de todos nosotros siente cada dolor en el cuerpo y mente de Joni, y Dios siente nuestro sufrimiento también. El Dios de toda consolación es el compañero sufriente que comprende la pena, la lesión y el maltrato. Dios no victimiza; Dios empatiza.

Dios también obra para sanar. Siempre. Dios obra al lado de criaturas complejas, entidades más simples y las condiciones de la existencia cuando sana al mayor grado posible. A veces las criaturas no cooperan, o las condiciones no se acomodan. La lesión en la medula espinal de Joni aparentemente presenta obstáculos a la sanidad de Dios. Alguna sanidad debe esperar hasta la vida después de la muerte, pero Dios empieza a intentar curar al quebrantado y abatido ahora.

La historia de Joni levanta la pregunta que mencioné antes. Déjame ponerla un poco diferente aquí: "Si cosas buenas ocurren después de o debido a la tragedia y el abuso,

Capítulo 4: Dios Exprime el Bien del Mal

¿Dios quiere la tragedia y el abuso como parte de un plan maestro?"

El impacto de Joni para bien es inequívoco. De no haber sido paralizada, ella no hubiera escrito tantos libros, aprendido a pintar con su boca, inspirado a tantas personas o abierto una fundación para ayudar a quienes tienen discapacidades. Un inmenso bien ha emergido en los cincuenta años que siguieron a su accidente en la Bahía Chesapeake.

El carácter de Joni también se formó positivamente. ¡Es una persona sorprendente! De no haber enfrentado los desafíos de la parálisis, pudo no haberse hecho tan paciente, gentil o amable. Probablemente hubiera sido menos empática hacia quienes tienen discapacidades. Joni es una persona virtuosa hoy porque respondió positivamente al accidente que le alteró la vida.

Dados su impacto positivo y carácter virtuoso, no es sorpresa que Joni piense que Dios quería su parálisis. ¿Pero podemos gozarnos en el bien que a veces sigue lo malo sin pensar que Dios permitió lo malo? ¿Podemos valorar la vida de Joni sin pensar que Dios permite el mal?

En este capítulo, yo digo que no tiene ningún sentido decir que Dios odia el mal y simultáneamente lo permite. Y yo digo que un Dios bueno no castiga. Esto me conduce a formular la cuarta idea que debemos considerar para creer otra vez en Dios y el amor.

Para encontrar el sentido de la vida de Joni y muchos otros, necesitamos una cuarta creencia. Esta creencia dice que Dios exprime el bien del mal que no quería en primer lugar. Para reconstruir, debemos creer que Dios responde al mal trabajando con nosotros en favor del bien.

ME HICIERON MAL, PERO...

Quienes creen que Dios causa o permite el mal a menudo apuntan a una historia antigua para apoyar su perspectiva. Es una historia en la Biblia acerca de José.

José era el segundo más joven de doce hermanos y el favorito de su padre. Un día, él les contó a sus hermanos acerca de sus sueños. Estos sueños parecían significar que los hermanos mayores de José se postrarían delante de él en el futuro. Los hermanos enfurecieron, ¡y por poco lo matan! En vez de hacerlo, vendieron a José como un esclavo en Egipto.

La vida de José como esclavo tomó una serie de giros y reveses. Pero más adelante, encontró favor con el faraón egipcio. Se le pidió a José que administrara la distribución de alimentos para el imperio entero. Cuando la hambruna vino, él distribuyó la comida que sabiamente había almacenado. La gente hambrienta vino pidiendo ayuda.

Eventualmente, los hermanos de José viajaron a Egipto buscando comida. Habían pasado décadas desde que lo vendieron como esclavo, así que no reconocieron a José cuando se encontraron. Cuando se dieron cuenta de quién era, se preocuparon de que José pudiera "pagarnos por todos los males que le hicimos."

José no cobró venganza. En palabras conocidas para muchos, dijo, "Ustedes se propusieron hacerme mal, pero Dios dispuso todo para bien. Él me puso en este cargo para que yo pudiera salvar la vida de muchas personas" (Gn. 50:20).

¿Qué significa esto? ¿José está diciendo que Dios quería que él fuera vendido como esclavo? ¿Era el plan de Dios enviar una grave hambruna para matar a muchos y hacer pasar hambre a la familia de José? ¿Acaso Dios orquesta el mal?

Los expertos a veces traducen la palabra hebrea en la declaración de José, "dispuso," pero tiene otros significados. Desafortunadamente, "dispuso" puede dar la falsa impresión de que la vida entera de José estaba pre-orquestada. Puede conducir a pensar que Dios causó o permitió la esclavitud y la hambruna masiva con un bien predeterminado en mente.

Una mejor traducción de este pasaje supera este malentendido. Esa traducción apoya la perspectiva de que los hermanos de José querían que él sufriera, pero no implica que su sufrimiento era la voluntad de Dios. Esta traducción dice que Dios *usa* el mal para llevar a cabo el bien.

"Querían hacerme mal, pero Dios lo *usó* para bien," José dijo a sus hermanos.

Dios tomó lo que no quería en primer lugar y exprimió bien de ello. Dios trajo lo bueno de lo malo, lo positivo de lo negativo, salud de odio. Dios redimió.

José tuvo un papel en la obra de Dios para traer bien del mal, por supuesto. Dios no dictó la situación o controló a quienes se involucraron. El Amoroso Señor del universo no pre-ordena, sino que trabaja en favor de lo mejor posible, dadas las circunstancias y actores involucrados.

Dios obra para extraer bienestar del malestar.

NO TODO PASA POR UNA RAZÓN

Decir que Dios "dispuso" el mal de José cabe bien en un dicho que los sobrevivientes escuchan a menudo. "Todo pasa por una razón." Quienes dicen esto usualmente no afirman saber todo. Quieren decir que de alguna forma misteriosa, Dios orquesta cada suceso —bueno y malo— como parte de un diseño pre-ordenado. Aunque los sobrevivientes no pueden saber por

qué han sido maltratados, dice esta perspectiva, pueden estar seguros de que "todo pasa por una razón."
En otras palabras, Dios causa o permite el abuso, el sufrimiento y la tragedia por algún propósito superior.

Kate Bowler rechaza esta perspectiva en su libro, *No Hay Mal Que Por Bien No Venga y otras mentiras piadosas* (*Everything Happens for a Reason...And Other Lies I´ve Loved*). Los doctores diagnosticaron a Kate con cáncer de colon, pero ella no cree que Dios planeó su enfermedad con un propósito. Es una mentira, dice, que Dios permite el mal por un bien superior.

Kate es una erudita de la religión que estudia el evangelio de la prosperidad. Las personas que creen en este evangelio dicen, como ella lo pone, "Dios te dará los deseos de tu corazón: dinero en el banco, un cuerpo sano, una familia próspera y felicidad sin límites." Los partidarios de este evangelio culpan directa o indirectamente al enfermo y moribundo de no tener fe.

Kate empezó a dudar del evangelio de la prosperidad mucho antes de su cáncer. Pero admite ser tentada por él. Ella quería creer que, como ella lo pone, "Dios tenía un plan digno de mi vida en el cual cada adversidad también sería un paso hacia adelante." Antes de su cáncer, Kate "creía que Dios haría un camino." Ya no cree más en eso.[30]

Los cristianos dan "explicaciones" para el cáncer de Kate. La mayoría "quieren que sepa, sin lugar a dudas, que hay una lógica oculta para este aparente caos," ella dice. "Un vecino vino a la puerta y le dijo a mi esposo que todo pasa por una razón."

Algunos le dijeron que su cáncer era el plan de Dios, pero esa explicación se apoya en lógica circular. "Si inspiras a la gente mientras mueres, el plan para tu vida era que tú fueras un ejemplo para otros," dice Kate. "Si no mueres pataleando

Capítulo 4: Dios Exprime el Bien del Mal

y gritando, el plan era que descubrieras algunas importantes lecciones divinas." En otras palabras, "todo pasa por una razón" en realidad significa, "¡aún el mal es la voluntad de Dios!"

La mayoría de quienes enviaron un consejo a Kate caben en una de tres categorías. Los Minimizadores le dijeron que ella no debía estar tan molesta con su enfermedad; sólo está de paso, con destino a la vida por venir. Me gusta la respuesta de Kate: "A un montón de cristianos les gusta recordarme que el cielo es mi verdadero hogar, lo que me hace querer preguntarles si les gustaría ir a casa primero. ¿Tal vez ahora?"

Kate llama al segundo grupo de aconsejadores los Maestros. Ellos piensan que Dios causa o permite el mal para enseñarnos lecciones. Uno escribió, "Ésta es la prueba de fe más importante para ti," y le aconsejó a Kate aprender a ser paciente. "Algunas veces quiero que los sabelotodos me envíen una nota cuando *ellos* enfrenten el espeluznante espectro de la muerte," ella responde, "y yo les enviaré el poster de un gato que dice ¡AGUANTA AHÍ!"

En el tercer grupo de aconsejadores están los Solucionadores. Estas gentes están, como Kate declara, "un poco decepcionados ya de que no me esté salvando a mí misma." Creen que Dios siempre recompensa con salud, riqueza y felicidad. Uno escribió, "¡Sigue sonriendo! ¡Tu actitud determina tu destino!"[31]

Los Minimizadores, Maestros y Solucionadores tienen buenas intenciones. Pero sus respuestas no explican o consuelan. Buscar respuestas no está mal; es de sabios hacer grandes preguntas. Pero la mayoría de las respuestas fracasan de plano.

Creer que todo pasa por una (divinamente ordenada) razón no tiene sentido.

¿DAR GRACIAS *POR* EL MAL?

Tanto la ciencia como la religión nos dicen que seamos agradecidos. La psicología positiva nos dice que las personas agradecidas son, en promedio, más saludables física y psicológicamente. La Biblia dice que debemos agradecer a Dios. La gratitud es muy buena para nosotros y otros.

Pero, ¿deberían los sobrevivientes ser agradecidos *por* su sufrimiento?

El Apóstol Pablo aconseja que sus lectores "den gracias en todas las circunstancias" (1 Tes. 5:18) y "siempre den gracias a Dios el Padre por todo" (Ef. 5:20). Nota dos pequeñas palabras, "en" y "por" en estas citas. ¿Hay alguna diferencia entre dar gracias *en* todo y *por* todo?

Si Dios causa o permite el mal, no hay diferencia entre "en" y "por." Si Dios tiene poder que controla, deberíamos agradecer a Dios *por* nuestro dolor, porque finalmente Dios es responsable de causarlo o permitirlo. Nuestro sufrimiento fue dispuesto directa o indirectamente por Dios.

¿Pero deberíamos *realmente* agradecer a Dios por la tortura, violación y genocidio? Eso no parece correcto. ¿Debemos ser agradecidos por el dolor innecesario que hemos sufrido? ¿Incluso tener gratitud por el dolor que hemos infligido a otros?

No lo creo.

Si Dios no quiere, causa o permite el mal, no deberíamos sentir obligación alguna de agradecer a Dios por él. El mal no es parte de una conspiración divina. Encontrar sentido a la gratitud requiere que creamos que Dios *no puede* impedir el mal sin ayuda.

Podemos ser agradecidos *en* nuestro sufrimiento, no

obstante. Podemos agradecer a Dios por darnos valor y paciencia. Podemos agradecer a Dios por ser la fuente de todo el bien. Aun en el dolor, podemos agradecer a Dios por ser la fuente de buenas amistades, esperanza, aliento y más. Ser agradecidos por la belleza y la bondad que encontramos —mientras somos realistas y honestos acerca de la fealdad y el mal— es crucial para vivir la vida bien.

Podemos dar gracias *en* todas las circunstancias sin dar gracias *por* todas las circunstancias.

¿Entonces qué debemos hacer con el consejo de Pablo de dar gracias "por" todo?

Afortunadamente, el pasaje no significa lo que la mayoría piensa. La palabra "por" en la cita viene de la palabra griega *huper*. La palabra a menudo significa "a nombre de" o "en beneficio de." Usamos "por" en este sentido cuando decimos, "lo hicimos *por* tu bien," "encontré un doctor *por* ella" o "traje barras de cereal *por* mis niños."

"Siempre den gracias a Dios el Padre *por* todo," significa que nuestro aprecio o gratitud beneficia al todo. Nuestra gratitud es *por* el bien común. Nos orientamos a ser agradecidos como una forma de beneficiarnos a nosotros mismos, a otros y al todo. La gratitud intensifica el bienestar general.

¡El aprecio hace el mundo (y nuestras vidas) mejor!

Las víctimas no necesitan decir, "gracias, Dios," *porque* el mal ocurrió. No fue la voluntad de Dios. Pero pueden creer que Dios obra en cada situación, tratando de exprimir bien del mal que no quería en primer lugar. Ellas pueden decir, "A pesar del dolor y la tragedia, estoy agradecida por el bien que *sí está* en mi vida, bien que tiene a Dios como su fuente."

EL MONSTRUO EN MIS PESADILLAS

Tener gratitud cuando un hijo muere puede parecer imposible. Jason Jones sabe cuán difícil puede ser eso. En su libro, *Cojeando pero Bendecido* (*Limping but Blessed*), Jason cuenta la trágica historia de su hijo de tres años, Jacob.

Una tarde, Jacob gateo dentro de la SUV familiar mientras Jason tomaba la siesta en la casa. Jacob se atoró en el vehículo. Murió esa tarde, aparentemente de agotamiento por calor.

Una tragedia sin sentido.

Antes de la muerte de Jacob, Jason creía que Dios causaba o permitía todo. Él suponía que, "Dios sabía lo que hacía —usando todo el dolor y el sufrimiento para traer su voluntad, la cual finalmente debe ser buena." Todo pasa por una razón.

Esas creencias cambiaron. "Cuando mi hijo murió en un accidente sin sentido, mi teología ya no tenía ningún sentido," dice Jason. "¿Qué bien puede venir de la muerte de un niño? Si es así como Dios obra en el mundo, Dios no es el Padre amoroso que creí que tenía; Dios es el monstruo en mis pesadillas."[32]

Jason ahora rechaza la idea de que las cosas siempre resultan en algo mejor. "No me digas que Jacob está mejor sin haber vivido una vida plena porque ya está en el cielo. Si tú de hecho crees eso," dice Jason, "¿por qué no todos cometemos suicidio o dejamos que nuestros hijos mueran de enfermedad?"[33]

Eventualmente, Jason llegó a creer que Dios no pudo haber rescatado a su hijo sin ayuda. "Tanto Jason como yo tenemos nuestras propias voluntades únicas que Dios no quiere y no puede controlar," dice. En este caso particular, "Dios no podía imponer su voluntad sobre objetos inanimados como la puerta del auto o sobre Jacob a fin de impedir que se metiera en la camioneta."

Jason también cree que Dios no pudo despertarlo. "Yo estaba cansado y mi cuerpo está hecho de órganos y organismos que querían descansar. Dios no podía imponer su voluntad sobre mi mente o cuerpo para 'intervenir'"[34]

Si Dios podía haber controlado a Jason, la puerta del auto o a su hijo, tendría sentido decir que Dios *permitió* la muerte de Jacob. Pero si Dios es amoroso en verdad, no tiene sentido decir que Dios "permitió" esta tragedia. Creer que Dios no pudo impedir este mal tiene más sentido.

¿Entonces Jason está agradecido de que Jacob murió? ¡No! Pero sí está agradecido por los buenos tiempos que compartieron. "Aunque Jacob solo tenía tres, estoy agradecido por el tiempo que sí tuve con él," dice Jason. "Estoy agradecido de ser su papi, y estoy agradecido por cuánto amor me mostró."[35]

La gratitud de Jason lo llevó a patrocinar una escuela nombrada en honor a Jason. Su dar gracias beneficia a otros. No está agradecido *por* la muerte de su hijo, pero la gratitud de Jason por el bien en la vida de Jacob es *por* el bien de otros y de sí mismo.

¿DIOS CASTIGA?

La idea principal de este capítulo es que Dios obra para traer bien a partir del mal que no quería en primer lugar. Para ponerlo de otra forma, Dios obra con la creación para exprimir cualquier cosa positiva de las negativas que Dios no deseaba inicialmente.

Hemos visto que tiene poco sentido creer que todo pasa por una razón. Podemos y debemos ser agradecidos en medio de nuestros problemas sin creer que Dios los causó o los permitió. Pero necesitamos explorar otro aspecto problemático en las creencias de Joni Eareckson Tada. Joni cree que su parálisis permanente fue la respuesta de Dios a su pecado. "Creo que Dios me estaba castigando por hacer mal," dice ella.

¿Acaso Dios causa o permite el mal para castigarnos? Algunos escritores del Antiguo Testamento dicen que Dios nos castiga por el pecado infligiendo dolor y muerte. Estos escritores incluso presentan a Dios como violento. Los académicos debaten cómo interpretar estas afirmaciones, y las explicaciones varían. Pero la mayoría está de acuerdo en que los textos bíblicos más tempranos dicen que Dios castiga al injusto y bendice al justo. Cuando vemos sufrimiento, vemos castigo divino.

La historia de Job dice lo contrario.

Job era un hombre bueno y justo. ¡Era tan virtuoso que aún Dios presumía de él! Pero el maligno afirmaba que si Job llegara a sufrir, Job maldeciría a Dios y desobedecería. Él solo era virtuoso, argumentó el maligno, porque ser virtuoso es benéfico. Siempre cosechamos lo que sembramos: Job cosechaba bondad porque sembraba bondad.

Dios no estuvo de acuerdo. Así que el maligno y Dios hicieron una apuesta en cómo Job respondería al sufrimiento.

El maligno causó toda clase de devastación. ¡El sufrimiento fue intenso! Dominaron el dolor, la confusión y la muerte, y la vida de Job quedó en ruinas. Su esposa y amigos supusieron que Dios seguro lo estaba castigando, así que le aconsejaron maldecir a Dios y morir. Al menos en la muerte Job podría escapar del sufrimiento, argumentaron.

Dios no fue la causa del tormento de Job, no obstante. El pecado no fue la fuente de su dolor. Job permaneció justo durante la terrible prueba. El maligno causo su tristeza, pérdida y miseria. Job no cosechó lo que sembró.

Muchos aspectos de la historia de Job son difíciles de entender. ¡Los expertos los debaten sin fin! Muchos académicos dudan, por ejemplo, que Dios alguna vez apostaría con el maligno. Un Dios amoroso no haría tratos con el Diablo para dañar la humanidad.

El mensaje general de la historia de Job, sin embargo, parece ser este: La gente buena sufre. Cosas malas pasan a personas buenas. Dios no envía el dolor y el sufrimiento para enseñar una lección. Dios no es la fuente del mal. La calamidad y la destrucción vienen de otra parte.

La historia de Job enseña que Dios no envía sufrimiento como castigo por el pecado.

EL SEÑOR DISCIPLINA

La idea de que Dios castiga a los pecadores está mayormente ausente en el Nuevo Testamento. Algunos pasajes hablan de las consecuencias negativas del pecado, y exploraré eso después. Pero la idea de que Dios castiga a la gente por hacer mal es rara entre los libros de la Biblia escritos más recientemente.

El libro de Hebreos, sin embargo, tiene un pasaje que algunos interpretan que dice que Dios castiga. Joni lo cita, "El Señor disciplina al que ama, y azota a todo el que recibe como hijo" (12:6).

Para entender este pasaje, necesitamos verlo en contexto. Aquí está como se lee el pasaje completo:

En su lucha contra el pecado, ustedes aún no han resistido al punto de derramar su sangre. ¿Y han olvidado completamente esta palabra de aliento que se dirige a ustedes como un padre se dirige a su hijo? Dice:

'Hijo mío, no tomes a la ligera la disciplina del Señor y no te desanimes cuando te reprende. Pues el Señor disciplina al que ama y corrige a todo el que acepta como hijo' Soporten para disciplina; Dios los trata como a sus propios hijos. Porque, ¿hay algún hijo a quien su padre no disciplina? Y si están sin disciplina, de la cual todos participan, entonces son bastardos y no hijos. Además, teníamos padres terrenales que nos disciplinaban y los respetábamos. ¿Y no nos someteremos mucho más al Padre de los espíritus y viviremos? Por un lado, ellos nos disciplinaron por poco tiempo según lo que les parecía, y por otro Dios nos disciplina por nuestro bien para que participemos de su santidad. Ninguna disciplina parece agradable a la hora de recibirla, sino dolorosa. Pero después, produce la apacible cosecha de justicia para los que han sido entrenados por ella (He. 12:4-11).

DISCIPLINA POSITIVA, NO CASTIGO

Entender el significado de disciplina es clave para comprender este pasaje. Disciplinar es enseñar, corregir o entrenar. Un buen disciplinario anima a los aprendices para tener mejores formas de vida. El maestro espera que el pupilo aprenda sabiduría y auto-control a través de la disciplina.

El escritor de Hebreos usa la relación padre-hijo como una analogía de la disciplina de Dios. Desafortunadamente, muchos piensan en la disciplina parental como golpear, cachetear o azotar. O piensan en ella como abusar verbalmente, avergonzar y humillar. Joni parece pensar en la disciplina de esta manera cuando dice que Dios la castigo con parálisis permanente.

Capítulo 4: Dios Exprime el Bien del Mal

La buena disciplina no maltrata, abusa o humilla. La disciplina útil usa medidas no violentas. La disciplina saludable de los hijos involucra enseñarles las consecuencias negativas que vienen del comportamiento malsano. Los buenos disciplinarios advierten del peligro que viene del hacer mal.

La disciplina positiva instruye en vez de lastimar, anima en vez de humillar.

La disciplina descrita en Hebreos es similar a la instrucción de un entrenador fitness que enseña a sus clientes cómo ejercitarse, descansar y comer adecuadamente. Estos disciplinarios piden a sus discípulos que renuncien a placeres temporales —flojera, desvelos o dulces— para ser más saludables. Renunciar a placeres es, por definición, no placentero. Pero soportamos la disciplina por sus recompensas: mejoras en la salud, felicidad y plenitud.

O considera la disciplina que un coach de vida provee. El coach que ayuda ofrece dirección personal hacia metas positivas. Esto involucra ayudar a una persona a superar hábitos que no ayudan y ofrecer nuevas perspectivas. Romper malos hábitos puede ser difícil, y pensar de nuevas formas, agotador. La disciplina de un coach de vida puede resultar crucial para vivir bien.

O imagina el trabajo de un tutor efectivo. El estudiante usualmente no disfruta las tareas de aprendizaje que un buen tutor da. Completarlas requiere esfuerzo. Los estudiantes son estirados mental y emocionalmente, y estudiar puede ser frustrante. Pero la sabiduría viene de seguir la disciplina de un tutor sabio.

Si la disciplina mencionada en Hebreos es como la instrucción de un entrenador fitness, un coach de vida o un tutor, entendemos la disciplina como positiva. Y la disciplina positiva no se impone. Es instrucción, corrección o entrenamiento no coercitivos.

Un Dios amoroso nos disciplina de formas no coercitivas por nuestro bien. La disciplina de Dios no es punitiva; es instructiva y alentadora. La buena disciplina promueve el bienestar al entrenarnos en formas que nos ayudan a vivir bien.

SEGÚN LO QUE LES PARECÍA

La traducción preferida de Joni de Hebreos 12:6 dice que el Señor "azota a todo el que recibe como hijo." La traducción que yo ofrecí dice que el Señor "corrige a todo el recibe como hijo." Hay una diferencia entre azotar y corregir. Corregir significa disciplinar, señalar una falta para enmendarla. Azotar puede significar muchas formas de daño. Incluso puede significar, como Joni piensa, paralizar.

¿Entonces cuál es: corregir o azotar?

Nota que las frases en cuestión están separadas del texto. Los traductores del Nuevo Testamento hacen esto cuando el texto se refiere a un pasaje del Antiguo Testamento. El escritor de Hebreos está citando un pasaje de Proverbios. Aquí está lo que dicen esos versos en el Antiguo Testamento (nota especialmente la última línea):

Hijo mío, no rechaces la disciplina del Señor
ni aborrezcas su represión,
porque el Señor a quien ama reprende,
como un padre al hijo en quien se delita (Prov. 3:11-12)

Capítulo 4: Dios Exprime el Bien del Mal

El Padre *se deleita* en el hijo, dice Proverbios. El escritor de Hebreos usa "corrige" en vez de "se deleita en." Probablemente está influenciado por la traducción del Antiguo Testamento llamada "la Septuaginta," no por el texto que los expertos usan hoy para traducir el Antiguo Testamento.

Podemos imaginar un buen padre deleitándose en un hijo. Y podemos imaginar este deleite motivando al padre a entrenar bien al hijo. Eso es lo que "corregir" significa. Es difícil imaginar un buen padre deleitándose en azotar a un hijo. Proverbios apoya más la idea de que la disciplina es entrenamiento motivado por el deleite, no azotes motivados por la agresión.

Nota las frases más adelante en el pasaje de Hebreos: "¿hay algún hijo a quien su padre no disciplina?" "Todos participan [de la disciplina]." "Teníamos padres terrenales que nos disciplinaban y los respetábamos." "[Nuestros padres terrenales] nos disciplinaron por poco tiempo según lo que les parecía." "Dios nos disciplina por nuestro bien."

Estas declaraciones no aplican para todos los padres e hijos. Algunos padres *no* disciplinan a sus hijos. Los padres ausentes obviamente fracasan. Algunos padres involucrados fallan miserablemente en sus esfuerzos de entrenar a sus hijos. "Lo que les parecía" a algunos padres no fue bueno. En consecuencia, algunos hijos *no* respetan a sus padres. ¡Y tienen razón!

La disciplina de Dios, sin embargo, nunca es abusiva. Aquellos que quieren resistir el pecado, dice Hebreos, tienen un Entrenador que los alienta en formas positivas, no punitivas. Resistir el pecado requiere auto-disciplina, resolución personal y auto-control. El éxito no viene sólo de nuestros esfuerzos, no obstante. Un Dios amoroso entrena, corrige e instruye, empoderándonos para amar.

La recompensa por cooperar con el entrenamiento de Dios es vida abundante, florecimiento y bienestar. "Viviremos," dice el escritor de Hebreos, porque la disciplina de Dios es "por nuestro bien." Aunque la disciplina involucra dejar ir placeres temporales, el premio es una vida bien vivida.

Como le gusta decir a mi amigo Stephen, "Es bueno ser bueno."[36]

UN DIOS FALSO

Paul creció con un padre cuya disciplina no era amorosa. "El gobernante supremo de nuestro hogar era un pequeño dios que imitaba celosamente al castigador divino," dice. Lo que el padre de Paul pensaba que era lo mejor no era bueno.

Pensar que la disciplina de Dios es abusiva nos puede llevar a pensar que nuestra disciplina debería ser igual. Muchos padres que imitan a un Dios abusivo se convierten en padres abusivos.

"Recuerdo batallar con matemáticas en séptimo grado," dice Paul. "Una noche de sábado la tarea se convirtió en pesadilla cuando mi papá me preguntó si podía ayudar. Entre más me equivocaba yo, más se enojaba él. Entre más se enojaba, menos podía yo pensar claramente."

En un instante, dice Paul, "Me arrojó al piso, me levantó y me empujó contra la pared. No tenía a dónde ir cuando me golpeó con su cinturón por ser malo en matemáticas. Después me envió a mi habitación a intentar de nuevo."

Todo el cuerpo de Paul se tensó con terror y frustración. Su lápiz se quebró en su mano. "Cuando fui convocado para informar

Capítulo 4: Dios Exprime el Bien del Mal

mi siguiente fracaso," dice Paul, "mi padre vio el lápiz roto y supo que si *él* rompiera un lápiz, sería por rebeldía y desquite. Así que me azotó contra la pared y me golpeó en la nariz. Me fui y fallé otra vez, por supuesto. Repetir." Esto continuó hasta pasada la medianoche. "Le supliqué que parara," dice Paul.

Eventualmente, su padre cayó dormido, y la madre de Paul vino a consolarlo. Cuidó de la nariz ensangrentada de Paul. Entonces ella dijo, "Tu padre hizo esto porque te ama."

¡¿De veras?!

"Mi padre había sido alimentado con una dieta rigurosa de basura acerca de un Dios Padre todopoderoso cuya voluntad es la tortura, el abuso y la ejecución de su amado Hijo," dice Paul. "Se le dijo que todo fue por nuestro propio bien. Todo fue por amor."

"Mi mamá recibió la misma dieta," continua Paul. "Así que no es sorprendente que pudiera decir, 'si te golpea, todo se hace por amor.'"

A los padres de Paul se les enseñó la perspectiva de Joni: "Dios azota a todo el que recibe como hijo." Pero si Paul tuviera que creer que Dios es violento y opresor, preferiría ser un ateo.

Paul llegó a creer que "hay otro tipo de poder," como él lo pone, que es la verdad acerca de Dios. "Mi búsqueda me trajo al corazón de Jesús, cuya vida, enseñanza, muerte y resurrección revelan que el poder real es apacible, gentil, complaciente y misericordioso. Esa búsqueda limpió mi mente y corazón del Dios falso cuyo 'amor' es violento."[37]

Creo que la disciplina amorosa no involucra azotar o humillar. Los padres terrenales a veces fracasan. La disciplina de Dios nunca es violenta, cruel o dañina. Seremos sabios si seguimos la disciplina de un Dios amoroso.

¡EL MAL APESTA!

Aunque la idea de que Dios castiga está prácticamente ausente en el Nuevo Testamento, *numerosos* pasajes describen el dolor, la destrucción y la confusión que el pecado y el mal causan. El Apóstol Pablo dice, por ejemplo, "La paga del pecado es muerte." Los escritores bíblicos advierten de "la ira venidera." El pecado y el mal destruyen.

Las víctimas conocen personalmente que otros pueden dañar intencionalmente. Y podemos dañarnos intencionalmente a nosotros mismos. ¡No necesitamos la Biblia para saber que el mal apesta!

Los escritores del Antiguo y Nuevo Testamentos hablan de la ira (furia) o pena (tristeza) de Dios cuando los humanos tratan a otros, a sí mismos y a la creación con maldad. Dios sabe que hay efectos dañinos de las acciones abusivas, opresivas y corruptas. ¡Dios también sabe que el mal apesta!

Desafortunadamente, muchos piensan que Dios decide si administra las consecuencias del pecado y el mal. Piensan que Dios escoge deliberadamente permitir que el mal se haga para causar estragos.

"Veamos," Dios musita aparentemente, "¿debería dejar que el martillo caiga o debería protegerla de la destrucción del pecado?" En esta forma de pensar, Dios nos protege del dolor a veces pero otras veces no. Nunca puedes saber lo que un Dios caprichoso podría hacer.

Esta perspectiva conduce a preguntas que los sobrevivientes conocen demasiado bien. Si Dios siempre ama, ¿por qué Dios no protege *siempre*? ¿Por qué Dios no detiene los horrores que otros infligen? Si Dios puede escoger bloquear el daño que viene del mal, ¿acaso no un Dios amoroso impediría la mayoría, por no decir todo el mal? ¿Acaso Dios decide si experimentamos las consecuencias destructivas del pecado?

CONSECUENCIAS NEGATIVAS NATURALES

Afortunadamente, hay una mejor forma de pensar acerca del dolor y el caos que siguen al pecado y el mal. Esta mejor forma da cuenta del quebranto que viene de la maldad. Es una explicación más útil para la paga del pecado que creer que Dios permite o causa la muerte. Rechaza la noción de que Dios decide si permitir o impedir las consecuencias del mal. Esa mejor forma dice...

Hay consecuencias negativas *naturales* del pecado y el mal.

Mejor que creer que la devastación y el dolor son castigos sobrenaturales, deberíamos creer que son las consecuencias negativas naturales de reusarse a cooperar con el amor de Dios. Mejor que pensar que Dios a veces consiente los efectos del pecado y otras veces no, deberíamos pensar que el pecado *naturalmente* resulta en ruina. Las malas consecuencias no dependen de Dios, fluyen naturalmente de malas decisiones, hábitos, accidentes o sistemas.

Dios sabe qué hace una buena vida. Nuestro Amigo divino nos llama a actuar y vivir de formas que promueven esa buena vida. El amor promueve el bienestar, y el no amar promueve el malestar. Reusarse a cooperar con lo que hace la vida buena conduce al daño.

Las cosas funcionan así en un universo de causa y efecto.

Dios no es la Máquina Universal de Bofetadas que golpea

a los niños desobedientes. Dios es el Padre que ama a todos y llama a cada criatura a amar. El Amigo divino no decide unilateralmente protegernos a veces y otras veces dejar caer el martillo. Dios siempre protege al mayor grado posible. Pero hay consecuencias negativas naturales —para otros y para nosotros mismos— cuando las criaturas ignoran el llamado divino para vivir positivamente.

El pecado es a menudo su propio castigo. Los malhechores se hieren a ellos mismos porque hacer mal significa auto-infligirse daño. Las heridas del pecado auto-infligidas pueden ser psicológicas, físicas o espirituales, porque el pecado destruye al pecador.

Hacer mal lastima a otros también. En un universo interrelacionado, las acciones de uno —para bien o para mal— afectan a otros. Las víctimas inocentes sufren. Para crear un nuevo dicho, "A veces cosechas lo que *otros* siembran."

La maldad puede *parecer* que prospera a corto plazo. Pero la maldad, el pecado y el mal eventualmente siempre resultan en consecuencias negativas naturales. Y eso nos hiere a todos nosotros.

¡QUÉ BUENO QUE DIOS NO ESTÁ EN CONTROL!
A veces nadie causa el sufrimiento que experimentamos. Nadie pecó, ni otros ni nosotros. No se puede culpar a nadie. Sufrimos como víctimas de desastres naturales, enfermedades aleatorias o simple mala suerte. Los accidentes y las fuerzas de la naturaleza hacen nuestras vidas miserables o pueden matarnos.

Quienes creen en un Dios castigador son prontos para afirmar que los desastres naturales, accidentes repentinos o enfermedades inexplicables son castigo divino. Si no pueden detectar una causa humana, asumen que Dios lo hizo. Las compañías de seguro llaman a los desastres naturales "actos de Dios," por ejemplo, y algunas personas piensan que Dios causa las enfermedades (p.e., el SIDA) como una reprimenda. Un huracán, tsunami o erupción volcánica destructivos incitarán a alguien a decir, "¡Dios debe estar enojado!"

Para contrarrestar estas declaraciones, debemos acordarnos de que el amor de Dios es no controlador. Eso incluye que Dios no controla el clima, los virus, los objetos inanimados y la naturaleza más ampliamente. En consecuencia, Dios solo no puede impedir desastres naturales y las situaciones aleatorias negativas.

También exploramos el amor no controlador de Dios en relación a la sanidad. En un universo donde las acciones de las entidades más pequeñas importan, Dios obra para persuadir a toda la creación hacia la salud y la plenitud. Dios no puede controlar los virus y otros factores que causan enfermedades.

¡Qué bueno que Dios no está en control!

También vimos que Dios es un espíritu universal sin un cuerpo localizado. Esto significa que Dios no tiene manos o partes del cuerpo para causar un huracán o una erupción volcánica. Tampoco puede pararse literalmente en frente de un huracán o sentarse sobre un volcán. Dios no puede usar un dedo divino para detener un virus o reacomodar las rocas en un derrumbe.

Ya que Dios es amoroso, Dios no puede controlar a otros. Ya que Dios es espíritu, no puede ejercer impacto corporal divino. En consecuencia, Dios *no puede* castigar por medio de desastres naturales. Deberíamos culpar a los procesos de la creación por los desastres naturales, los accidentes repentinos, las enfermedades inexplicables y más.

Hay consecuencias negativas naturales del pecado y accidentes, enfermedades y desastres negativos naturales.

¿SIN PENA NO HAY GLORIA?

Concluyo con otra creencia que otros probablemente ya se ha abordado antes. Es la idea de que el sufrimiento puede producir un carácter maduro en quienes sufren. Dije antes en este capítulo que Joni Eareckson Tada desarrolló un carácter maduro y un espíritu hermoso en respuesta a su sufrimiento.

La sabiduría, integridad o fortaleza moral a menudo se desarrolla en quienes lidian bien con los desafíos. Aprenden a "madurar" mientras luchan para vencer. Este argumento a veces se llama "edificar el carácter" o "hacer alma" para explicar por qué Dios no impide el mal. Dios quiere edificar nuestros caracteres.

Sabemos por las historias que escuchamos y nuestra propia experiencia que el sufrimiento a veces nos hace más fuertes. Ocasionalmente vemos hacia los tiempos de tribulación en el pasado y, en retrospectiva, observamos cómo Dios los usó para hacernos mejores.

Creo que Dios usa el sufrimiento para madurarnos. Y Dios responde al mal ayudándonos y ayudando a otros en formas positivas. Pero no pienso que Dios causa o permite el sufrimiento y el mal por este propósito. Después de todo, el mal *no siempre* produce un carácter maduro. El dolor y el sufrimiento *a veces* traen resultados positivos, pero a veces no. La adversidad *puede* llevar a la madurez, pero no siempre.

Resistir y persistir *pueden* pero no necesariamente forman resiliencia.

En lugar de hacer mejores a las víctimas, el mal puede matar, deprimir o aturdir. A veces, los horrores de la vida nos hacen peores. Antes que formar un carácter más fuerte, en mal puede llevar al caos, confusión e inmadurez. Antes que edificar la fe, el mal puede llevar a no creer o a creer mal.

"Sin pena no hay gloria" puede inspirar la superación personal, pero a veces la pena no trae gloria. "Lo que no te mata te hace más fuerte," debe ser colocado junto a, "Algunas experiencias te matan... física, psicológica o espiritualmente." Lo que no te mata también puede hacerte más débil.

Las personas muertas no maduran, y algunas heridas nunca sanan. Los desafíos no siempre nos hacen crecer.

COLGANDO DEL CADALSO

Los campos de concentración del Holocausto Nazi ofrecen ejemplos del mal que dañó y no edificó carácter. En su libro, *La Noche*, Elie Wiesel describe sus experiencias en aquellos campos. Muchas revelan que un bien mayor *no siempre* viene del mal.

"Un día, al regresar del trabajo, vimos tres cadalsos," recuerda Elie. Entre los escogidos para colgar, estaba un muchacho joven. "Estaba pálido, casi calmado, pero estaba mordiendo su labio a la sombra del cadalso."

Los condenados se pararon sobre sillas. Los guardias colocaron nudos corredizos alrededor de sus cuellos. "¡Larga vida la libertad!" gritaron los dos hombres. El muchacho permaneció callado.

"¿Dónde está un Dios misericordioso?" preguntó un prisionero cerca de Elie, observando las ejecuciones. Los hombres cayeron rápidamente a sus muertes. El muchacho no murió inmediatamente. Era demasiado delgado. Su cuerpo escuálido no apretó su cuello con el nudo.

"Permaneció por más de media hora," dice Elie, "rondando entre la vida y la muerte, retorciéndose ante nuestros ojos. Y nosotros fuimos obligados a observarlo a corta distancia... Su lengua estaba aún roja, sus ojos aún no se extinguían."

El prisionero preguntó de nuevo, "¿Dónde está Dios?"

Una voz dentro de Elie contestó, "Ahí es dónde —colgando ahí del cadalso."[38]

El Holocausto Nazi persuadió a muchos a convertirse en ateos. Mientras millones de hombres, mujeres y niños inocentes morían, la creencia en Dios murió: muchos ya no pudieron creer más en una deidad amorosa y omnipotente.

Muchos que escogieron el ateísmo piensan que Dios, por definición, debe ser capaz sin ayuda de detener los horrores, la tragedia y el abuso. Para ellos, no tiene sentido creer en un Dios amoroso que puede impedir el mal pero escoge no hacerlo. Las víctimas de hoy son tentadas a unirse a su no creencia.

Estoy de acuerdo con que un Dios con poder que controla y que puede impedir el mal sin ayuda no existe. Pero creo en un Dios diferente. Pienso que Dios abraza a todos y a todo con amor eterno y no controlador. ¡Creer que Dios *no puede* controlar hace toda la diferencia!

Aún el Holocausto Nazi condujo a algunos desenlaces positivos. Pero no necesitamos creer que Dios planeó horrores para producir esos desenlaces. A veces escuchamos historias de víctimas convirtiéndose en vencedores, y celebramos. También conocemos historias de pérdida y destrucción sin valor para redimir.

El dolor no *siempre* conduce a la gloria.

CREENCIA #4 - DIOS EXPRIME EL BIEN DEL MAL

La cuarta idea que sería sabio abrazar es que Dios obra con la creación para exprimir bien del mal que Dios no quería en primer lugar. Dios no envía o permite el mal como una prueba. Ni el sufrimiento es castigo de Dios. Dios no permite el mal por algún propósito mayor.

Dios no es culpable.

El bien *a veces* viene del daño. Dios obra con nosotros *una vez que el mal ha sido hecho* para traer algo hermoso de las cenizas. De hecho, Dios obra con toda la creación para traer lo mejor posible de lo malo que Dios no quería en primer lugar. Nuestra cooperación puede conducir a algo bueno.

Hay una mejor forma de pensar acerca de Dios y el mal. Está entre, por un lado, creer que Dios no se involucra o no existe y, por otro lado, creer que Dios causa o permite horrores con algún propósito en mente.

Esta mejor forma rechaza la perspectiva de Joni de que Dios castiga. Se opone a su perspectiva de que Dios permite lo que odia o lastima a quienes ama. Niega que Dios diseñe el mal con una meta en mente.

Esta mejor forma explica el bien que *a veces* viene del mal al decir que Dios obra con la creación para extraer bien del mal. Dios no decide unilateralmente si protegernos del dolor y la destrucción. En vez, hay consecuencias negativas naturales al pecado, la maldad y algunos eventos accidentales.

En el siguiente y último capítulo, exploraremos por qué verdaderamente importamos. Pero hemos aprendido una verdad esencial aquí, una verdad que nos ayuda a vivir y pensar bien: Dios obra para exprimir el bien del mal que no quería en primer lugar.

Preguntas

1. ¿Cuándo el sufrimiento ha producido carácter maduro en tu vida o en la de otros? ¿Cuándo no?

2. ¿Cuál es el problema con decir "todo pasa por una razón?"

3. ¿Por qué algunos podrían pensar que la disciplina debe ser abusiva?

4. ¿Por qué deberíamos decir que un Dios que no controla no castiga?

5. ¿Por qué importa pensar que hay consecuencias negativas naturales al pecado y el mal en vez de ver las consecuencias negativas como causadas o permitidas por Dios?

6. ¿Por qué algunas personas piensan que los desastres naturales, los accidentes o las enfermedades son castigo de Dios?

7. ¿Por qué es importante ser agradecidos no por el mal, sino a pesar de él?

Para recursos sobre la voluntad de Dios, la providencia, la edificación de carácter, disciplina y más, mira GodCant.com

CAPÍTULO 5

Dios Necesita Nuestra Cooperación

Stanley se volvió tan frustrado intentando entender por qué Dios no detiene atrocidades y horrores, que se rindió. Renunció a tratar de encontrar el sentido a Dios y el mal.

Stanley aún cree en Dios. Él piensa que Dios es omnipotente y amoroso. Y él piensa que el mal genuino ocurre. Pero Stanley cree que nuestra única tarea es ayudar al herido y trabajar en contra de la injusticia. No tiene tiempo para luchar con el *por qué* ocurren el abuso, la tragedia y el daño innecesario en primer lugar.

"No importa *por qué* Dios no detiene el mal," dice Stanley. "Sólo importa que cuidemos de los heridos y nos opongamos al mal que encontremos. Las teorías no sirven, y tratar de resolver el problema del mal es una empresa fallida. La compasión y las prácticas espirituales cambian el mundo."

Yo creo que Stanley en parte tiene razón y en parte se equivoca. Tiene razón al decir que trabajar junto a Dios juega un papel esencial en resolver los problemas del mal. Nuestra respuesta al mal importa. Esa idea y sus implicaciones son el enfoque de éste capítulo.

Stanley se equivoca al decir que trabajar en contra del mal es *todo* lo que importa. Después de todo, quienes trabajan en contra de lo que Dios causó o permitió aparentemente actúan en contra de la voluntad de Dios.

Es difícil sentirse motivado para resolver problemas que un supuestamente omnipotente Dios podría resolver solo.

SINERGIA DE AMOR INDISPENSABLE

La quinta creencia que necesitamos para reconstruir nuestras vidas también es radical. A veces necesitamos ideas radicales para entender una verdad. Nos ayudan a encontrar el sentido de nuestras vidas y el mundo. Muchas ideas convencionales no nos han ayudado a encontrar el sentido de lo que Dios está haciendo de cara a mal.

Las creencias verdaderas, aunque sean radicales, ¡nos liberan!

Muchas personas aceptan la forma menos radical de esta quinta creencia. Dice que Dios nos invita a cooperar con su obra para promover la sanidad, la bondad y el amor. Nosotros podemos participar en el plan de Dios para hacer nuestras vidas y el mundo mejores.

La forma más radical dice que Dios *necesita* de nosotros y de otros para que el amor gane. Nuestras contribuciones son *esenciales* para establecer el bienestar general. Sin cooperación, Dios *no puede* alcanzar estos resultados positivos. Las criaturas juegan una parte *necesaria* en las metas de Dios para restaurar la creación y ayudarnos a florecer a todos.

Llamemos esta creencia radical "sinergia de amor indispensable."

Sinergia significa energías o acciones trabajando juntas. Viene de la palabra griega *synergeo*, y los escritores bíblicos la usan para describir a las criaturas trabajando con Dios. Indispensable indica que Dios requiere la cooperación de las criaturas para que el amor reine. Ni Dios ni las criaturas generan resultados positivos por ellos mismos. El "amor" en "sinergia de amor indispensable" identifica la forma de trabajar de Dios y cómo debemos responder nosotros para experimentar verdadera felicidad. Dios necesita nuestras respuestas positivas para fomentar el florecimiento.

Ni siquiera Dios puede salvar el mundo sin ayuda.

La sinergia de amor indispensable implica que lo que hacemos importa. *Realmente* importa. Nuestras vidas no son ajenas; nuestras acciones tienen consecuencias. Hacemos una importantísima diferencia — para nosotros mismos, para otros y para Dios.

¡Nuestras vidas y acciones cuentan!

SIN DIOS

Me encuentro con muchas personas que dudan que sus vidas importen. Hablan acerca de un universo grande, una sociedad grande, fuerzas grandes u otra cosa grande. La conversación usualmente se torna a un Dios grande.

Considerando cómo se describe típicamente el poder de Dios, sus dudas acerca de nuestra significación tienen sentido. Si Dios es El omnipotente que la mayoría de las personas imaginan, nuestras vidas no importan a final de cuentas. Sólo estamos calentando la banca.

Tres perspectivas conducen a la gente a dudar de que sus vidas sean significativas.

Llamaremos la primera la perspectiva "Sin Dios." Hablando de porcentajes, sólo un pequeño número de personas son ateas rigurosas. Pero mis amistades no creyentes a menudo dan buenas razones por qué no creen en Dios y no piensan que la vida importe.

Las mejores razones del ateísmo son de hecho reacciones a las ideas convencionales acerca de Dios. Muchos de quienes soportan males horrendos, por ejemplo, no pueden creer que un Dios amoroso y omnipotente permitiría lo que experimentaron. Otros no pueden entender cómo un Dios capaz de controlar crearía a través de un proceso evolucionario desastroso y doloroso, lleno de muertes dolorosas y callejones sin salida. Algunos no pueden creer que un Dios amoroso enviaría a personas al infierno por la eternidad. Y así sucesivamente. He presentado en este libro una forma de pensar acerca de Dios que responde estas preocupaciones legítimas, pero la mayoría de los no creyentes no conocen esa forma.

Aunque amo y respeto a mis amistades no creyentes, no puedo recomendar la perspectiva Sin Dios. No puedo en parte porque no ofrece alguna buena razón para pensar que nuestras vidas importan a final de cuentas. De hecho, el ateísmo no ofrece ningún parámetro comprensivo para darle sentido a lo que significa la frase "importar a final de cuentas."

"Necesitamos hacer una diferencia positiva en el mundo," dicen a veces los ateos. Pero la perspectiva Sin Dios no ofrece un paradigma último por el cual evaluar lo que es verdaderamente positivo. "Positivo" y "negativo" dependen completamente del individuo o grupo. Un ateo nos puede alentar a actuar heroicamente por lo bueno y hermoso, pero la perspectiva Sin Dios no ofrece ningún parámetro trascendente para calibrar "bueno," "hermoso," ni siquiera "heroico."

Cuando las personas no reconocen un parámetro último sobre su preferencia personal o grupal, no tienen parámetro más allá de ellos mismos. "Bueno" es lo que funciona para ellos o para su grupo. En el peor de los casos, la ética atea se degenera en "la ley del más fuerte," lo cual es un problema también para los sistemas éticos ligados a algunas perspectivas tradicionales de Dios.

La perspectiva Sin Dios no provee buenas razones para creer que nuestras vidas importan a final de cuentas, porque no reconoce un parámetro último por el cual juzgar lo que ultimadamente importa.

TODO DIOS

Otro porcentaje pequeño de personas creen que Dios existe, pero piensan que Dios controla todo. Llamemos esta perspectiva "Todo Dios." De acuerdo con ella, Dios gobierna soberanamente todas las cosas.

Quienes apoyan la perspectiva Todo Dios creen que el libre albedrío es una ilusión. Desde su óptica, la casualidad, la aleatoriedad y la suerte son ilusiones también. Su perspectiva dice que Dios provoca cada violación, asesinato, tortura, enfermedad, genocidio, cáncer y holocausto. Los defensores de Todo Dios usualmente afirman que estos males son buenos de alguna forma misteriosa. La mayoría de los sobrevivientes no lo creen.

La perspectiva Todo Dios provee un parámetro último para el significado: lo que sea que Dios haga. Pero no provee base para pensar que *nuestras* vidas en verdad importan. No hacemos nada por nuestra propia voluntad después de todo. Dios nos controla a nosotros y a todas las cosas. Somos títeres.

Quienes afirman esta perspectiva a veces dicen, "Debemos obedecer al Soberano Dios del Universo." Pero las personas controladas no "obedecen." Son juguetes de cuerda. El Juguetero controla toda la creación.

El Todo Dios predestina todo como la omni-causa. Quienes abrazan esta perspectiva dicen que la predestinación es posible porque Dios conoce de antemano lo que todos harán. Pero ya que Dios controla todo, lo que Dios conoce de antemano es de hecho lo que Dios hace. Las víctimas suponen que su sufrimiento no sólo es plan de Dios, sino que Dios lo causó también. En esta perspectiva, es difícil creer que cualquier criatura es moralmente responsable.

Hay una razón por la cual la perspectiva Todo Dios es impopular: no tiene mucho sentido.

STEVE JOBS

A menudo pienso en Steve Jobs cuando pienso en la creencia de que Dios conoce de antemano y predestina.

Cuando Jobs tenía trece, leyó un artículo en *Life* acerca de la hambruna infantil. Lo llevó a preguntarse acerca de la habilidad de Dios para impedir el mal. Así que llevó su pregunta y el artículo a su maestro de Escuela Dominical.

"Si levanto mi dedo," preguntó Jobs, "¿sabrá Dios cuál voy a levantar antes de que lo haga?"

"Sí," dijo su maestro, "Dios sabe todo [por adelantado]."

"¿Dios sabe de esto y de lo que va a pasar con esos niños?" preguntó Jobs, señalando al artículo en *Life*.

"Steve, sé que no entiendes," replicó el maestro de Escuela Dominical, "pero sí, Dios sabe eso." Jobs se dio cuenta de que un Dios que conoce el mal de antemano y lo ordena de antemano debe ser inmoral. Así que anunció públicamente que no quería tener nada que ver con este Dios. Nunca regresó a la iglesia.[39]

La perspectiva Todo Dios no provee ninguna buena razón para creer que Dios realmente se interesa o que nuestras vidas realmente importan.

LA PERSPECTIVA CONVENCIONAL DE DIOS

La tercera perspectiva que falla en hacer que nuestras vidas sean significativas a final de cuentas es probablemente la más común. Llamémosla "la perspectiva convencional de Dios." Esta perspectiva viene en muchas formas, y la mayoría de los creyentes —ya sean novatos o experimentados— afirman una forma u otra.

Las personas que aceptan la perspectiva convencional empiezan a pensar que Dios está esencialmente "más allá." Algunos llaman esto "trascendencia divina." El Dios "allá afuera" pudo haber permanecido desapegado pero decidió "estar aquí." Dios descendió a habitar entre las criaturas, escogiendo libremente amarlas.

"¿No es maravilloso que el soberano Dios del universo decide amarte a ti y a mí?" preguntan retóricamente estos creyentes. "Dios incluso nos invita a participar en lo que está haciendo en el mundo." Declaraciones como estas suponen que Dios es fundamentalmente independiente y puede completar cualquier tarea solo. Los defensores de esta perspectiva suponen que Dios podría decidir *no* amarnos.

La perspectiva convencional dice que nuestras vidas están completamente en las manos de Dios. Dios puede decidir terminarlas en un instante. "Dios decidió llevársela a casa," dicen estas personas cuando alguien muere. Tu madre podría decir, "¡Yo te di la vida y te la puedo quitar!" La perspectiva convencional puede cumplir esa amenaza.

Nuestras acciones producen resultados penúltimos; Dios determina el veredicto final.

A lo largo de este libro, hemos visto problemas con la perspectiva convencional. El Dios con poder que controla causa o permite el mal. Un Dios amoroso que puede impedir el mal sin ayuda debería, en nombre del amor, hacerlo así. Las víctimas del abuso y la tragedia no pueden creer que el Dios de la perspectiva convencional los ama. Ese Dios puede sanar sin ayuda, sin embargo demasiado pocas sanidades tienen lugar. Así que nos queda suponer que el mal es el castigo y el plan de Dios.

La perspectiva condicional típicamente culpa a los malhechores por el mal. Pero un Dios que podría unilateralmente detener la violación, el asesinato y la tortura es digno de culpa por no hacerlo. Desde la perspectiva de quienes sufren, el Dios convencional no se interesa lo suficiente como para detener su sufrimiento. Esa perspectiva tiene sentido si Dios es capaz de controlar las criaturas o las situaciones.

El Dios capaz de controlar también puede cumplir tareas que las criaturas dejan inacabadas. El mal causado por la negligencia podría haber sido impedido por este Dios. Los bebés que mueren de hambre por la negligencia podían haber sido alimentados.

Los creyentes en la perspectiva convencional de Dios a veces dicen que deberíamos ayudar a los pobres. "Dios nos está

Capítulo 5: Dios Necesita Nuestra Cooperación

llamando a alimentar al hambriento, vestir al desnudo y liberar al oprimido," dicen. Pero el Dios capaz de controlar *permitió* esa hambre, desnudez y opresión en primer lugar. Y Él puede aliviarla con el chasquido de un dedo... si realmente quisiera hacerlo.

Tratar de aliviar el mal que el Dios convencional permitió parecería ir en contra de los propósitos de Dios. El Dios que puede determinar resultados por mandato absoluto no necesita ayuda. Así que es difícil interesarse en hacer lo Dios puede hacer solo.

La perspectiva convencional describe un Dios que puede anular lo que hacemos en cualquier momento para lograr solo lo que nosotros no hacemos. Es difícil creer que nuestras vidas *realmente* importan si Dios tiene ese tipo de poder, aún si Dios no siempre lo usa.

Este Dios no necesita nada de nosotros.

CONDESCENDIENTE

Los teólogos de la antigüedad decían que Dios "condescendió" para estar con la creación. El Alto y Santo se inclinó para asociarse con los humildes y profanos pecadores. En su perspectiva, Dios esencialmente está distante y desconectado. Asumieron la prioridad del poder trascendente y voltearon secundariamente hacia la posibilidad del amor inmanente.

Un significado de "condescendiente" dice que una persona mira por encima del hombro, actúa prepotente o se rebaja al nivel de otros. Una snob condescendiente no quiere involucrarse con quienes están "debajo" de ella. Tal vez se rebaje ella misma para impartir información o dar un poquito de su valioso tiempo. "Bienvenido al mundo real," dice la animadora condescendientemente al novato en la escuela.

Ni este significado ni el significado teológico de "condescender" tienen el amor relacional como su punto de partida. Ambos atesoran la independencia sobre la relación. Ambas suponen la superioridad de la distancia.

El Dios que podría determinar los resultados sin ayuda pero invita a la contribución es como una autoridad que finge que sus subalternos importan. Un jefe condescendiente hace lo que quiere pero pretende necesitar ayuda. Él *dice* que los esfuerzos de sus subordinados hacen la diferencia pero es una farsa. Sólo finge para hacerlos sentir bien.

Podemos tolerar a un líder del tipo "yo puedo solo" por un rato, pero no nos interesa gastar esfuerzos en vano. Queremos contribuir de formas significativas. La frustración en el lugar de trabajo aumenta cuando el líder yo-puedo-solo mete la pata. Nuestra paciencia se agota. El que causa o permite desastres que pudo haber evitado aceptando ayuda no es un buen líder.

La perspectiva convencional presenta a Dios como una maestra de preescolar que dice, "Niños, necesitamos recoger los juguetes antes de poder ir a casa." La maestra agradecería la ayuda, por supuesto. Pero si los niños se rehúsan, ella hará el trabajo sola. Si los preescolares ayudan *realmente* no afecta si se van a casa cada día o si se hace la limpieza.

El Dios que puede controlar es como el entrenador de football americano que está enseñando a niños de cinco años cómo taclear. En la práctica, el entrenador puede decirle a la línea ofensiva que necesita que lo bloqueen en una jugada diseñada para él mismo. Pero si los chicos no bloquean, el adulto puede superar a los raquíticos defensores. El entrenador no necesita *realmente* una línea ofensiva.

Capítulo 5: Dios Necesita Nuestra Cooperación

El Dios que puede producir resultados sin ayuda pero invita a la cooperación es como la maestra de preescolar "lo haré sin ayuda," el entrenador de football "no necesito el bloqueo en realidad" o el jefe "fingiré que los necesito." Nuestras acciones no importan realmente al Dios capaz de controlar. Sólo está condescendiendo.

NO ES UN DICTADOR

"Conocí" a Michael cuando me envió un correo electrónico agradeciéndome por mi libro, *El Amor No Controlador de Dios (The Uncontrolling Love of God)*. Surgió una amistad digital.

Michael describe su vida de joven como "desorientada espiritualmente." Luchaba con nerviosismo, baja autoestima y palpitaciones cardíacas. Sintiéndose como un inadaptado y batallando con el síndrome de impostor, estaba desorientado espiritualmente e incapaz de encontrar su propósito en la vida.

Los debates de ciencia y teología en la Universidad de Oxford condujeron a Michael a convertirse en un acérrimo ateo. En su posterior búsqueda de significado, se volvió al Budismo Zen. Pero esa tradición no respondió sus preguntas.

Después de conocer a la mujer que se convirtió en su esposa, Michael contempló la posibilidad de que Dios pudiera existir. Pero no podía reconciliar a un Dios de amor con el mal y el infierno. Esos eran sus tropezaderos intelectuales.

"Tan extremo como suena," Michael escribió en un correo electrónico, "muchos cristianos sin quererlo dibujan a Dios como un líder norcoreano cuya justicia es arbitraria y que espera devoción basada en el temor. Distante e impersonal, él demanda respeto. Este Dios ni valora a sus súbditos ni prioriza sus intereses."

Cuando creyentes dibujan a Dios como controlador, dice Michael, "adoran a Dios por miedo más que por afecto." En el escenario de cielo e infierno basado en un Dios controlador, dice Michael, "pocos disfrutan un paraíso de lujos mientras la mayoría sufre extremos variados del infierno." El Dios que envía personas al tormento eterno —no importa cuán malas han sido— no puede ser amoroso.

Ya que el Dios convencional tiene poder controlador, dice Michael, "Cualquier mal que Dios alienta o permite es entendido como parte de su plan." Esto incluye toda la violencia en el mundo. Después de todo, un Dios que puede controlar podría detener la violencia.

Eventualmente, Michael llegó a creer en Dios. Pero no acepta la perspectiva condicional. "Estoy agradecido con los teólogos que han demostrado que no necesitamos abandonar la realidad objetiva o la Biblia para reconciliar el poder divino con el mal genuino que presenciamos." Michael se convenció de que tenía más sentido creer en un Dios de amor que no puede controlar.

Despertado al amor no controlador de Dios, Michael confrontó sus temores, se mudó a otro país y se convirtió en ministro asistente de una iglesia internacional. Con el gentil aliento de Dios, también superó la timidez y empezó a trabajar en el sector humanitario.

Un particular punto de vista sobre Jesús ayudó a Michael. "Jesús revela la naturaleza de Dios como amor no controlador," dice. Creer que el amor de Dios es relacional y no controlador le da significado a la vida, porque implica que nuestras vidas importan. A diferencia de un dictador, el Dios de amor necesita nuestra cooperación para cumplir sus propósitos.

Los buenos líderes trabajan en tándem con otros.

Capítulo 5: Dios Necesita Nuestra Cooperación

¿NOS NECESITA?

Si la sinergia de amor indispensable es verdad — y pienso que lo es, muchos necesitarán repensar su perspectiva de Dios. La mayoría no ha considerado la posibilidad de que Dios necesita cooperación para lograr las metas de amor. La mayoría no se ha dado cuenta de que la teología convencional no puede apoyar su intuición de que lo que hacen importa.

Como es de esperar, la perspectiva de que Dios nos necesita es malentendida fácilmente. Así que permíteme aclarar. Empiezo con lo que "Dios nos necesita" no significa.

Dios no necesita de nosotros o de otros para existir. Dios existe necesariamente y eternamente. Los teólogos de la antigüedad usaron la frase en latín "a se" para describir esto. La frase significa "por sí mismo." Para que Dios exista, Dios no depende de nosotros; Dios existe por sí mismo. Dios siempre ha existido en el pasado y siempre existirá en el futuro. Nada podría terminar la vida de Dios.

Dios tampoco necesita de nosotros para actuar. Dios actúa necesariamente, y ninguna cosa que hagamos podría hacer que Dios deje de actuar. La creación no puede controlar al Dios incontrolable. Dios siempre actúa y siempre con el bienestar de la creación en mente. Es su naturaleza existir y actuar.

Para existir y para actuar, Dios no nos necesita.

Cuando digo "Dios nos necesita," estoy suponiendo que Dios siempre ama. Siempre. Y asumo, como lo pone el Apóstol Pablo, que "el amor nunca se impone por la fuerza" (1 Cor. 13:5). Nunca. El amor no controla, en el sentido de ser una causa suficiente. Por lo tanto, es imposible que un Dios amoroso controle a otros.

Si Dios siempre ama, nunca controla y quiere que el amor reine en nosotros y en toda la creación, Dios *necesita* nuestras respuestas de amor.

La necesidad de Dios es la necesidad de amor. El amor no controlador de Dios empodera e inspira a las criaturas a amar, pero no puede obligarlas. Dios llama a cada criatura capaz de amor a expresar amor en cada situación. Pero debido a que el amor de Dios es no controlador, Dios necesita respuestas positivas para desarrollar relaciones de amor con nosotros y otros.

Igual que "sinergia," las palabras "cooperar" y "colaborar" describen a Dios y a la creación trabajando en conjunto. "Cooperar" significa operar en conjunto. "Co-laborar" significa laborar en conjunto.

Estas palabras son útiles, pero no describen bien la prioridad lógica de la acción de Dios. Tiene mucho sentido creer que Dios actúa primero a cada momento y hace posible la sinergia. Las criaturas dependen de Dios de esta forma. Los teólogos llaman a ésto "gracia preveniente," y dice que el amor de Dios viene antes y hace posibles las respuestas de las criaturas. La "sinergia de amor indispensable" supone que la gracia preveniente es siempre y necesariamente la forma en que Dios actúa en relación a la creación.

Para evitar la confusión, deberíamos empezar a encontrar el sentido de la vida suponiendo que Dios nos encuentra aquí mismo, ahora mismo en amor abnegado, que empodera a otros y que no controla. Y Dios siempre ha estado amando la creación así. No deberíamos empezar suponiendo que Dios existe allá afuera y quizá decida encontrarnos aquí mismo. La verdad es que la naturaleza de Dios es amor relacional, no independencia intocable.

Un Dios de amor eterno siempre está con nosotros, amándonos ya. Pero para que el amor gane — a cada momento y en el futuo— nosotros debemos colaborar. El Dios de amor no controlador necesita cooperación para que el amor florezca.

CON QUIENES AMAN

La idea de que Dios necesita cooperación es más común en la Biblia que lo que la mayoría se da cuenta. Ya que muchos lectores suponen que Dios puede lograr tareas y establecer relaciones solo, la pasan por alto. Interpretan las historias como si dijeran que Dios solo logró alguna meta o tarea, aunque los textos no lo dicen explícitamente.

Quienes conocen bien la Biblia a menudo apuntan a Romanos 8:28 para encontrar sentido al mal. Los eruditos lo traducen en varias formas, no obstante, y esta variedad importa. Déjame volverme un "cerebrito" de la Biblia por un momento para comparar cuatro traducciones.

Me encontré con Romanos 8:28 de niño, leyendo la Versión King James de la Biblia. Dice, "Y sabemos que *todas las cosas trabajan en conjunto por el bien* para aquellos que aman a Dios, para aquellos que son los llamados de acuerdo a su propósito." Puse en cursivas algunas palabras en el verso para enfocar nuestra atención en ellas.

Esta traducción no nos dice *cómo* todas las cosas trabajan en conjunto por el bien. Es un misterio. Pero aquellos que aman a Dios y son llamados de acuerdo a su propósito pueden estar seguros que de algún modo, de alguna manera, todo se resuelve. ¡Uno desea mayor explicación en un tema tan crucial!

La New American Standard Bible traduce el verso de esta manera: "Y sabemos que *Dios causa que todas las cosas trabajen en conjunto por el bien* para quienes aman a Dios, para quienes son llamados de acuerdo a su propósito."

El misterio es superado. Estos traductores describen a Dios como la causa. De hecho, ¡suena como que Dios causa todas las cosas! Esto suena como la perspectiva Todo Dios, porque no se hace mención de la contribución de las criaturas. Esto implica, obviamente, que Dios causa cada mal, aun si eventualmente obra para bien. ¡Las víctimas encuentran poco consuelo en esta traducción!

La New International Version[40] traduce en inglés el mismo verso así: "Y sabemos que *en todas las cosas Dios obra por el bien* de quienes lo aman, quienes han sido llamados de acuerdo a su propósito."

Esta traducción es mejor. No dice que Dios causa todas las cosas. Dice que Dios obra *en* todas las cosas, y Dios obra con el bien en mente. Fácilmente podemos imaginar otras causas —buenas o malas— en juego. Esta traducción se acomoda a la creencia que exploramos en el último capítulo. Dios obra para exprimir bien del mal que Dios no quería en primer lugar. Y enfatiza la amorosa presencia de Dios en todas las situaciones.

La New International Version comparte un problema con las otras traducciones, no obstante. Todas las tres dicen que Dios obra todas las cosas en conjunto por el bien *de quienes aman a Dios*. Esto da la impresión de que Dios solamente ayuda a quienes corresponden su amor. Sugiere que Dios tiene favoritos, toma partido o ama solamente a sus amigos. Dios obra por "los buenos" pero no por todos.

Me gusta cómo la Revised Standard Version traduce Romanos 8:28. Está de acuerdo con la New International Version en que Dios obra por el bien *en* todas las cosas. Nota las palabras que pongo en cursivas en esta traducción: "Sabemos que en todo Dios obra por el bien *con quienes lo aman*, que son llamados de acuerdo a su propósito."

La Revised Standard Version supera el problema de pensar que Dios solamente obra por el bien de sus amigos o de quienes corresponden su amor. Dice que Dios obra *con* quienes aman. Nosotros contribuimos, y lo que nosotros hacemos importa. Todos nosotros podemos escoger amar, y Dios obra con amantes para provocar el bien. Esa es la sinergia de amor.

¡El Dios de amor busca creaturas que aman para construir relaciones de amor!

LA ORACIÓN DE MANOS Y PIES

La sinergia de amor indispensable dice que las criaturas deben cooperar con Dios para que el amor reine. Mi amiga Nikki resume de manera muy linda lo que está en juego: "Si Dios necesita que yo co-labore con el plan amoroso de Dios, entonces las personas a mi alrededor literalmente necesitan que yo actúe. Necesitan que yo haga lo que Dios quiere que sea hecho para traer paz, justicia, armonía, etc."

¡Las *formas* en que podemos cooperar con Dios son casi infinitas! El contexto de Nikki es el trabajo social, así que ella sugiere acciones como llamar legisladores, idear con otros cómo combatir la indigencia o trabajar voluntariamente en organizaciones de apoyo a la juventud. Podemos hacer actividades como esas o un millón de otras. La obra del amor es multifacética e invita una miríada de respuestas.

Nikki entiende las razones teológicas del por qué importa lo que hacemos. "El plan de Dios no incluye la pobreza, la injusticia, el odio, la guerra y la violencia," dice, "así que no podemos hacernos de la vista gorda, pensando que Dios se asegurará de que las cosas trabajen en conjunto por el bien."

La sinergia Dios-criatura que Nikki identifica ha sido llamada algunas veces actuar como las manos y los pies de Dios. En el siglo dieciséis, Teresa de Ávila compuso un hermoso poema que expresa esto:

Cristo no tiene cuerpo más que el tuyo,
Ni manos ni pies en la tierra sino los tuyos,
Tuyos son los ojos con los que mira el mundo compasivo,
Tuyo son los pies con los que camina para hacer el bien,
Tuyas son las manos con las que bendice a todo el mundo.
Tuyas son las manos, tuyos son los pies,
Tuyos son los ojos, tú eres su cuerpo.

No estoy sugiriendo que somos *literalmente* las partes del cuerpo de Dios. Somos criaturas, no el Creador. Estoy diciendo que el Espíritu que no tiene soporte físico nos llama a usar nuestra fisicalidad para expresar el amor de Dios. Como una mente que influye en un cuerpo sin controlarlo, Dios influye en nosotros.

Algunos se refieren a la sinergia de amor al llamar a Dios "El Alma del Universo." "Dios está en todas las cosas, y debemos ver al Creador en el cristal de cada criatura," dice el teólogo Juan Wesley, por ejemplo. Dios "impregna y activa todo el ámbito creado, y es en sentido verdadero el alma del universo."[41] La sinergia de amor indispensable agrega que El Alma del Universo no puede controlar a nadie ni a nada, así que el alma trabaja con el cuerpo para promover el bienestar.

CONSPIRANDO CON DIOS

Un dicho africano apunta a la sinergia de amor: "Cuando ores, mueve tus pies." La oración efectiva no le pide a Dios que haga todo el trabajo. Ni todo depende de nosotros. La cooperación hace que las cosas sucedan. La oración nos puede alinear con la voluntad de Dios mientras abre nuevas avenidas para que Dios trabaje en nosotros y el mundo.

El psicólogo-teólogo Mark Gregory Karris captura el significado de la sinergia de amor cuando habla acerca de "la oración conspiradora." En esta forma de oración, "Creamos espacio en nuestras vidas ocupadas para alinear nuestros corazones con el corazón de Dios, donde nuestro espíritu y el Espíritu de Dios respiran juntos armoniosamente, y donde tramamos juntos vencer el mal con actos de amor y bondad."

Karris dice que la perspectiva tradicional de la oración de petición considera a Dios como el único agente de cambio. Es como frotar una pata de conejo y esperar que algo mágico pase. "La que pide cree que si ora lo suficientemente fuerte y con las palabras correctas junto con el comportamiento correcto, Dios, sin ninguna cooperación de otras agencias, cumplirá instantáneamente la petición." Al contrario, dice Karris, la oración conspiradora "es un dialogo colaborativo, una amistad, una calle de doble sentido, una danza íntima entre amantes."[42]

Mi propia vida de oración crece al orar a la luz del amor no controlador. No le pido a Dios que controle a otros o las situaciones. No digo, "¡Dios, oblígalos a actuar diferente!" Si Dios siempre ama y el amor nunca controla, pedir a Dios que controle a otros o las circunstancias es infructífero. Al orar, me imagino cómo yo u otros podríamos necesitar cooperar con Dios para que prospere el amor. Le pido a Dios que me inspire y me ilumine.

Cuando oro, comparto mis preocupaciones, inquietudes, peticiones y más. Trato de "escuchar" la pequeña y calmada "voz," creyendo que aunque me equivoque, esa "voz" tal vez es Dios llamándome a amar de una forma particular. Pregunto a Dios como podría jugar un papel en establecer la compasión y la justicia en el mundo. Agradezco a Dios por obrar más allá de mi pequeña esfera de influencia. Y a menudo me comprometo a imitar los caminos amorosos de Jesús.

¡La oración importa si nuestras acciones influyen en Dios y Dios no puede controlar!

LAS TEORÍAS USUALES DE LA VIDA DESPUÉS DE LA MUERTE

La lógica del amor no controlador cambia la forma en que pensamos acerca de la vida después de la muerte. La perspectiva convencional de Dios no solo supone que lo que hacemos ahora es innecesario para los propósitos de Dios, también supone que lo que hacemos después de la muerte es innecesario. Los escenarios típicos de la vida después de la muerte dicen o implican que solamente Dios puede decidir nuestro destino.

El escenario más común dice que Dios decidirá que algunos van al cielo y otros al infierno. El pecado de una persona puede influir en esa decisión. Si una persona "aceptó a Jesús" o fue fiel en alguna religión puede influir en la decisión. Cómo una persona trató a los últimos y a los menores en la tierra puede afectar lo que Dios decide. Nada de los que hacemos es *esencial*, no obstante; depende completamente de Dios. El Dios con poder controlador puede hacer lo que sea que quiera.

El escenario de cielo o infierno también supone que solamente Dios predeterminó los criterios usados para decidir nuestros destinos. Dios establece las reglas, decide a quién castigar o recompensar y ejecuta juicio. Aquél que establece las reglas puede cambiarlas en cualquier momento, porque es el único legislador, juez e implementador.

Este Dios no responde ante nada ni nadie.

El segundo escenario dice que Dios acepta a todos en el cielo. A menudo llamada "universalismo," esta perspectiva dice que un Dios *verdaderamente* amoroso no condenaría a nadie al tormento eterno. El castigo de agonía eterna no compagina con el crimen de ochenta años (más o menos) de pecado en la tierra. Además, un Dios amoroso perdona.

Este escenario supone que es prerrogativa de Dios colocar a todos en el cielo. Y ya que Dios puede controlar a cualquiera en cualquier momento, el cielo está asegurado para todos. Pero esto también significa que lo que hemos hecho —bueno o malo— no importa ultimadamente. Nuestras decisiones ahora no importan entonces al Dios que, por decreto absoluto, decide ponernos a todos en el cielo.

Este Dios no responde ante nada ni nadie.

El tercer escenario de la vida después de la muerte está de acuerdo con que un Dios amoroso no enviaría a nadie al tormento eterno. Pero dice que Dios destruye a los impenitentes. Dios los aniquila en un despliegue de omnipotencia o lo hace pasivamente al no sostener su existencia. Dios causa o permite la muerte que podría impedir sin ayuda.

La destrucción activa o pasiva de Dios extingue a los impenitentes. Desaparecen. En esto, un Dios capaz de controlar retiene la palabra final sobre si alguien continúa existiendo. Si los pecadores se quieren arrepentir, es demasiado tarde. Dios establece las reglas y las sigue rigurosamente.

Este Dios no responde ante nada ni nadie.

En estos escenarios de la vida después de la muerte, nuestras acciones no importan *ultimadamente*. Pueden inclinar la decisión de Dios hacia un lado o el otro, pero no tienen que hacerlo. El Juez con la habilidad de controlar puede unilateralmente salvarnos, condenarnos o aniquilarnos.

Los tres suponen que Dios establece el sistema judicial en la vida después de la muerte. Ya sea que el juicio involucre el cielo y el infierno, solo el cielo, o la aniquilación, Dios predeterminó las reglas. Un Dios que decide solo esas reglas retiene la habilidad de cambiarlas. Depende del Legislador, Juez y Jurado de Uno.

El Dios que no responde ante nada ni nadie puede por sí mismo decidir nuestros destinos.

AMOR INCESANTE

Hay otra forma de pensar acerca de la vida después de la muerte. Se construye sobre la creencia radical de que Dios *necesita* nuestra cooperación —sinergia de amor indispensable— para que el amor florezca. Avala nuestra profundamente arraigada intuición de que nuestras decisiones importan. Y dice que el amor de Dios por *todas* las criaturas continúa eternamente más allá de la tumba.

La mejor alternativa está de acuerdo con los otros escenarios en que nuestra esperanza de gozo verdadero ahora y después tiene a Dios como su fuente última. Está en desacuerdo, sin embargo, con los escenarios que suponen que Dios decide solo nuestro destino. Dice que Dios *siempre* ama y busca

Capítulo 5: Dios Necesita Nuestra Cooperación

nuestras respuestas de amor. Cuando nosotros y otros cooperamos, disfrutamos bienestar. Cando no lo hacemos, sufrimos. Llamemos "amor incesante" a esta perspectiva de la vida después de la muerte.

La perspectiva de amor incesante sigue la lógica del amor no controlador y la extiende eternamente. Para llegar a los detalles, comparémosla con las ideas en el libro de Rob Bell, *El Amor Gana* (*Love Wins*).

Mucho de *El Amor Gana* aborda el infierno. Este libro crea consciencia entre la gente común sobre lo que los eruditos bíblicos han sabido por siglos: la Biblia provee poco o ningún apoyo a la perspectiva de que el infierno es un lugar de tormento eterno. La idea tradicional del infierno no encaja con la Escritura.

Rob cree en un tipo de infierno, no obstante. "Nos causamos gran daño a nosotros mismos cuando confundimos la mera esencia de Dios, la cual es amor, con las muy reales consecuencias de rechazar y resistirse a ese amor, lo cual crea lo que llamamos infierno," dice. Negarse al amor de Dios "nos aleja de él... y eso, por definición, será una realidad cada vez menos amorosa y más infernal."[43]

Estoy de acuerdo con Rob. Lo que él llama "infierno", yo lo llamo las consecuencias negativas naturales de escoger no cooperar con el amor de Dios.

El punto más importante en *El Amor Gana* es que nuestras creencias acerca de Dios deberían moldear nuestras creencias acerca de lo que pasa después de la muerte. Encontramos el mejor sentido a la realidad si creemos que la naturaleza de Dios es amor. Un Dios amoroso no condenaría por sí mismo a nadie al tormento eterno. Dios *siempre* ama *a todos* y a *toda* la creación. Rob y yo estamos de acuerdo en eso también.

En mi perspectiva, Dios no envía a nadie al infierno unilateralmente. De Hecho, Dios *no puede*. El Dios cuya naturaleza es amor no controlador tampoco puede meter a nadie al cielo por la fuerza. Tal fuerza requiere control, y el amor de Dios es inherentemente no controlador. Hasta donde yo puedo entender, Rob no hace esta declaración.

El Amor Gana no es claro acerca de lo que significa decir, "El amor gana." ¿Acaso "ganar" significa que Dios nunca deja de amar? ¿O también significa que eventualmente el amor de Dios persuade a todos a cooperar? Y si el amor de Dios persuade a todos, ¿es esto una garantía o una esperanza?

LAS GARANTÍAS DEL AMOR

La perspectiva del amor incesante garantiza que el amor gana en varias formas.

Primera, el Dios cuya naturaleza es amor no controlador *nunca* dejará de amarnos. Ya que el amor viene primero en la naturaleza de Dios. Dios *no puede* dejar de amarnos. Las teologías convencionales dicen que puede ser que Dios nos ame o no nos ame ahora, y puede ser que Dios nos ame o no después de que morimos. Dios podría escoger torturar o matar. Es difícil imaginar a cualquier ser amoroso enviando a otros al infierno o aniquilándolos. El Dios de amor incesante, al contrario, ¡*siempre* ama!

Está garantizado que el Dios de amor incesante obra por nuestro bienestar en la vida después de la muerte. El amor gana.

La segunda garantía que el amor incesante ofrece es que quienes están en la vida después de la muerte y dicen "Sí" al amor de Dios experimentan la dicha celestial. Disfrutan vida abundante ya sea en un cuerpo diferente (espiritual) o como

Capítulo 5: Dios Necesita Nuestra Cooperación

un alma incorpórea. (Ve mi discusión de estas opciones en el capítulo cuatro.) Quienes dicen "Sí" al amor de Dios tienen garantizada la vida eterna.

Está garantizado que quienes cooperan con el amor incesante de Dios disfrutan dicha eterna. El amor gana.

La tercera garantía es que Dios *nunca* nos deja de invitar, llamar y alentar al amor en la vida después de la muerte. Aunque algunos pueden resistirse, Dios nunca tira la toalla. Hay consecuencias negativas naturales que vienen de rehusarse al amor en esta vida y en la siguiente. Pero estas consecuencias son auto-impuestas, no divinamente infligidas. Dios no castiga a quienes rehúsan una relación amorosa, pero Dios no puede impedir las consecuencias negativas naturales que vienen de decir "no" al amor. Dios nunca envía a nadie al infierno, nunca aniquila y nunca se rinde a llamarnos a abrazar el amor.

Está garantizado que Dios siempre ofrece vida eterna y nunca aniquila o condena al infierno. El amor gana.

Mientras decimos "Sí" consistentemente a Dios, desarrollamos caracteres amorosos. Los hábitos de amor nos moldean en personas amorosas. Mientras el amor de Dios siempre provee elecciones, quienes desarrollan caracteres amorosos mediante respuestas positivas consistentes, se vuelven menos y menos propensos a escoger opciones no amorosas. Esto puede suceder rápidamente o tomar más tiempo. Pero cuando gustamos y vemos que el amor es bueno, y mientras el amor edifica nuestros cuerpos espirituales, ¡somos menos propensos a desear comida chatarra! Más allá de la tumba, esta dieta de amor rehabilita. ¡Se nos garantiza que nos convertiremos en nuevas creaciones cuando cooperemos con el amor!

Está garantizado que la cooperación consistente con el amor incesante de Dios edifica caracteres amorosos en nosotros. El amor gana.

Sin embargo, la perspectiva del amor incesante no puede hacer una garantía. No puede garantizar que cada criatura coopere con el amor de Dios. Pero así es el amor: no se impone por la fuerza(1 Cor. 13:5). El amor es siempre no controlador.

Ya que el amor de Dios es incesante, no obstante, tenemos buenas razones para tener esperanza en que eventualmente todas las criaturas cooperarán con Dios. Es razonable pensar que el Dios que nunca se rinde y cuyo amor es universal eventualmente convencerá a todas las criaturas y redimirá toda la creación. Después de todo, ¡el amor siempre espera y nunca se rinde! (1 Cor. 13:7).

Notamos antes que las perspectivas convencionales suponen que Dios establece unilateralmente las reglas para el juicio final. Los escenarios convencionales dicen que Dios no responde ante nada ni nadie. Dios establece libremente las reglas, juzga y entonces implementa las consecuencias. Dios decide todo por sí mismo.

Las cosas son diferentes para el amor incesante. Dios no estableció unilateralmente las reglas del juicio hace mucho. Más bien, las formas amorosas de Dios son expresiones necesarias de su naturaleza amorosa. El legislador, juez e implementador de las consecuencias está atado a la lógica del amor divino. Ya que Dios "no puede negarse a sí mismo" (2 Tim. 2:13), Dios expresa amor no controlador ahora y en la vida después de la muerte.

Dios responde ante su propia naturaleza de amor.

En suma. La dicha más allá de la tumba descansa primordialmente, pero no exclusivamente, en el incesante amor de Dios. Dios continúa a darnos a todos libertad y busca cooperación. Lo que hacemos en respuesta al amor de Dios importa ahora y en la vida después de la muerte.

¡El amor gana!

MIEDO DEL AMOR NO CONTROLADOR

Este libro puede ser la primera vez que te has encontrado con la idea de que Dios no puede controlar. Tal vez habías intuido esta forma de pensar, pero esta puede ser la primera articulación completa de tus intuiciones.

Sospecho que muchos abrazarán estas ideas. Pero también sospecho que otros no. Algunos pueden oponerse duramente a la perspectiva del amor no controlador de Dios.

¿Por qué?

Podría haber muchas razones. Como hemos visto, algunos piensan que la Biblia requiere creer que Dios podría o de hecho controla a otros. Otros piensan que Dios castiga a algunos y recompensa a otros. Algunos piensan que Dios tiene favoritos, amando solamente a algunos y no a otros. Otros piensan que Dios decide sanar a algunos pero no a otros. Algunos piensan que Dios está distante e inafectado. Otros piensan que Dios controla animales, criaturas más pequeñas y otras entidades. Algunos piensan que Dios tiene un plan pre-ordenado que decide todo. Otros piensan que son demasiado depravados para contribuir a la obra de Dios. Algunos piensan que Dios gobierna mediante poder soberano en vez de relacionarse mediante influencia amorosa. Otros piensan que el amor no puede ganar si Dios no puede controlar. Desde la perspectiva del amor no controlador, todas estas razones están en un error.

Muchos de quienes escuchan por primera vez la perspectiva del amor no controlador temen sus aparentes implicaciones. Esa fue mi reacción cuando la consideré al principio. Es perturbador pensar que Dios no controla hoy y no puede controlar en el futuro.

Pensar que Dios puede o de hecho controla no hace más seguro al mundo, desde luego. Todos sufrimos aún, y algunos sufren intensamente. Tanto mal ocurre. Creer que Dios está en control o podría controlar nos tienta a pensar que aún las peores atrocidades son parte de algún plan. Esta tentación nos aleja de la verdad. Ceder a ella conduce a muchos a pensar que Dios es un misterio, un ogro o no existente.

Abordar las preguntas temidas resulta crucial si la perspectiva del amor no controlador va a tomar posición en una escala amplia. Abordar *tus* miedos también puede resultar crucial. Déjame acercarme a esta inquietud importante con unos pensamientos muy personales.

MI MIEDO

Algunas veces tengo miedo. Algunos de mis miedos son justificados; otros no lo son. Discernir los miedos adecuados e inadecuados es una tarea continua para mí. Mi objetivo es vivir la vida no dominado por el miedo, tener valor y vivir mis convicciones acerca del amor. Esa es mi meta, pero a veces fallo.

Dios fue alguna vez la fuente de mis más grandes miedos. Temía por lo que Dios pudiera hacerme ahora y después de que muriera. Me consideraba a mí mismo un pecador en las

Capítulo 5: Dios Necesita Nuestra Cooperación

manos de un Dios enojado. Muchas personas que conozco tienen o tuvieron miedo de Dios. Ya no tengo más miedo de Dios. Me tomó bastante llegar a donde estoy hoy. Tuve que superar teologías basadas en el temor. Me di cuenta de que la declaración del Antiguo Testamento, "teme a Dios," está mejor fraseada como, "respeta a Dios." Llegué a creer que las historias bíblicas que retratan a Dios vengativo eran inexactas. Tuve que ignorar voces en la cultura, la iglesia y la historia que predican el temor a Dios.

La clave para vencer mi miedo fue darme cuenta de que Dios siempre me ama. El amor perfecto de Dios echa fuera mi temor de Dios. Ahora no pienso que Dios causa o permite el mal, y no pienso que Dios castiga. No me preocupa que Dios me rechace o me abandone, y no tengo razones para temer la vida después de la muerte. Periódicamente oro, "No tengo miedo de ti, Dios, ¡porque sé que me amas!"

Escapar de este miedo ha sido tan positivo. ¡Es liberador! Tengo una chispa por la vida y creer en Dios afirma la vida. El amor provee significado a mi vida. De hecho, ¡es la razón final por la que escribí este libro!

Pero tengo otros miedos. A veces tengo miedo de lo que los líderes gobernantes o religiosos puedan hacerme a mí y a otros. Tengo miedo de llegar a sucumbir a deseos malsanos de fama, poder y riqueza. Tengo miedo de que mis hijas tomen decisiones tontas. Tengo miedo de morir antes de llegar a viejo, ¡aunque también temo a los dolores de la vejez! Tengo miedo de tomar decisiones sexuales que lastimen a mi esposa y a otros. Tengo miedo de cómo será la tierra para mí y otros por el cambio climático. Tengo miedo de la violencia, la guerra y la tortura. Tengo miedo de ser traicionado o falsamente acusado. Tengo miedo de cansarme de luchar por lo que es correcto. Tengo miedo de que mis decisiones pasadas estorben la felicidad futura. Y más. No estoy paranoico. El miedo no me domina. De hecho, sospecho que tengo menos miedos que la mayoría de las personas. Pero a veces tengo miedo.

Mis miedos se resumen en dos tipos. El primero es mi miedo a que yo, en algún momento u otro, actúe tontamente. Temo escoger menos que lo más amoroso que Dios me llame a escoger. Temo escoger el placer temporal y perderme la felicidad verdadera. En otras palabras, temo las consecuencias negativas naturales que vienen de mi fracaso en amar.

El segundo tipo es mi miedo a que otros escojan menos que lo más amoroso de Dios. En otras palabras, temo las consecuencias negativas naturales del *pecado de otras personas*. No quiero sufrir por el mal que otros hacen, ni quiero que otros sufran. No quiero nuestra calidad de vida menoscabada por malhechores. Quiero el bien común.

Aunque no tengo miedo de Dios, tengo miedo de las consecuencias negativas naturales que vienen del pecado.

LA PROTECCIÓN DEL AMOR.
Mis temores son más intensos en tiempos amenazantes. No siempre puedo protegerme a mí mismo y a mis seres amados. Hago lo mejor que puedo, pero cuando estoy vulnerable o bajo ataque, naturalmente busco protección.

Como saben los sobrevivientes del abuso y la tragedia, Dios *no* siempre nos protege. El mal es real, el mundo real tiene mucho de él. Si Dios pudiera protegernos sin ayuda mediante el control, ¡ha estado dormido en el trabajo! Las personas lastimadas como tú y yo no hemos sido rescatadas.

Capítulo 5: Dios Necesita Nuestra Cooperación

La protección divina mediante el control es un mito. No obstante, a veces *sí estamos* protegidos —al menos parcialmente. Tan malas como las cosas han podido ser, hemos sido salvados de algo peor. Escapamos lo que pudo haber sido un desastre masivo, o sentimos un cerco de protección. ¿Fue Dios? Si es así, ¿por qué Dios no protege más a menudo? ¿Cómo explicamos cuando nosotros *sí* hemos sido protegidos y otros *no*?

El principio del amor no controlador de Dios aplica para la protección también. Dios *sí* obra para proteger, pero la protección nunca es unilateral. Las criaturas siempre juegan un papel. Mientras Dios ama momento a momento, las criaturas —humanas, animales y otras entidades— pueden unirse a Dios para proteger a quienes están en peligro. O las condiciones de las criaturas pueden ser conducentes para mantenernos a salvo.

Entender la protección nos regresa a la sinergia de amor indispensable. Dios *no pude* proteger solo. Pero la obra de Dios para proteger es efectiva cuando la creación coopera o las condiciones son correctas.

A veces los actores con libre albedrío se unen a Dios para proteger al vulnerable. Algunas veces las entidades y agentes menos complejos cooperan con la obra protectora de Dios. A veces las condiciones ambientales son adecuadas. Y a veces simplemente tenemos suerte. La amorosa protección de Dios requiere energías complementarias de las criaturas: sinergia de amor indispensable.

El amor juega en la ofensiva y en la defensiva. Tú y yo somos llamados a responder al llamado de Dios para hacer obras creativas de amor. Eso es la ofensiva. También somos llamados a responder al llamado de Dios a proteger al vulnerable, al débil y al planeta. Eso es la defensiva.

Nosotros podemos ser los medios por los cuales Dios da refugio y escudo a los desprotegidos. Esto puede incluir proteger niños del abuso o fuerzas culturales que podrían despedazarlos. Dios puede llamarnos a proteger familia y amistades del abuso de drogas o alcohol. Puede significar proteger al anciano de ser estafado o al migrante del prejuicio. Puede significar proteger a los animales y al medio ambiente. Puede significar enfrentar a toda clase de rufianes. Y así sucesivamente. Dios nos llama a proteger al marginado, al indefenso y a los objetivos de la injusticia.

La protección de Dios requiere criaturas cooperadoras.

PROTEGER A DAVE

"Agradezco a Dios que quedé a salvo y protegido," dijo Dave en una nota reciente, "porque no terminé donde muchas amistades y seres amados: muertos."

Parecería extraño que Dave hable acerca de protección. Desde una edad temprana, fue abandonado, acosado y sufrió de relaciones rotas. Su auto-estima se desplomó, y fue víctima de severo abuso.

La madre de Dave murió apenas pasados los cuarenta años. Otras amistades y familiares también murieron muy jóvenes. "No sabía explicarlo," dice, "pero siempre había Algo dándome el valor para pujar y no abandonar la esperanza."

Varias personas y circunstancias ayudaron a Dave. Se unieron a Dios para contrarrestar el caos. Aunque sufrió los actos de los malhechores, también agradece a quienes lo protegieron de más mal.

Capítulo 5: Dios Necesita Nuestra Cooperación

Sobre todo, Dave da crédito a Dios. "He llegado a darme cuenta a través de tus escritos y los de otros," me dijo Dave en una nota, "de que no era voluntad de Dios el mal que sufrí. Eso pasó porque las personas no siguieron el camino que Dios quería."

Dave ahora piensa en su vida a través de la perspectiva de amor no controlador. "Dios no podía impedir que mis padres me abandonaran. Y Dios no podía detener al acosador sexual que me hizo su presa desde los once años hasta que tuve dieciocho," escribió Dave. Pero "Dios sonreía cuando mis padres decidían visitarme. Y sonreía cuando mi acosador salía con la familia en vez de esperarme en mi ruta de repartidor."

La consejería ayuda a Dave a trabajar con su dolor. Le ayuda a ver a Dios como alguien que nos llama a proteger. "Mi Dios amoroso se goza cuando buscamos la ayuda que necesitamos para superar estos problemas," dice.

Cuando Dave fue abandonado, abusado y atacado, su auto-estima se encogió. Se consideraba a sí mismo de poco valor. Dudaba que Dios pensara que él fuera valioso.

Dave ahora se sabe un hijo de Dios, hecho a la imagen de Dios. Y su sentido de valor propio lo motiva a hacer cosas y a unirse a organizaciones que ayudan a otros. Se une a la obra de Dios para proteger a quienes sufrieron como él lo hizo.

¿ACASO NO SOY YO UNA MUJER?

La perspectiva del amor no controlador de Dios dice que lo que hacemos –lo que *todos* hacemos– importa. La verdad radical es que nuestras vidas cuentan.

A los oídos de muchos, ¡estas son buenas noticias! Es comprensible que los sobrevivientes que han sido oprimidos, abandonados o vencidos por la tragedia y la enfermedad piensen que un Dios que pudo haber impedido su sufrimiento no se interesa por ellos. Cuando aprenden que Dios no podía impedir su sufrimiento, no obstante, ya no piensan que Dios los abandonó. Dios no causó ni permitió su dolor. En vez, Dios sufre con ellos y obra al mayor grado posible para sanar.

¡Las vidas de los heridos y lastimados son importantes para Dios!

Casi todos nosotros, sin embargo, luchamos a veces con la baja auto-estima. Nos preguntamos acerca de nuestro valor y luchamos con la duda personal. Los asaltados, acosados y olvidados luchan más. Recuperar un sentido de confianza y auto-respeto no es fácil para ellos.

Considera, por ejemplo, la lucha por la auto-estima que una sobreviviente del tráfico sexual sobrelleva. Arrebatada de su hogar, confinada y vendida repetidamente como un objeto, tiene problemas pensando que su vida importa. Reestablecer un sentido de valor propio toma tiempo. Algunas sobrevivientes de la trata de blancas nunca sanan completamente en esta vida. Tiene dificultad para comprender que Dios las considera compañeras, hechas a la imagen divina, capaces de amor.

¡Pero también hay poderosas historias de esperanza!

En su libro y película, *La Mitad del Cielo: Transformando la Opresión en Oportunidad para las Mujeres Alrededor del Mundo* (*Half the Sky: Turning Oppression into Opportunity for Women Worldwide*), Nicholas Kristof y Sheryl WuDunn cuentan historias de mujeres que sufrieron crímenes sexuales, prostitución forzada y trata de blancas. Hablan honestamente acerca del abuso horripilante. Sus relatos sobre recuperar un sentido de valor propio me conmueven. Muchas valientes mujeres y organizaciones lucharon para rescatar sobrevivientes y rehabilitarlas. Trabajaron con Dios para proteger a las vulnerables. Las quebrantadas *están* sanando.

Cuando pienso en las oprimidas que encuentran una voz, también pienso en aquellas que han escapado de la esclavitud y luchado por sus derechos humanos básicos. Pienso en Sojourner Truth, una mujer negra en la América de mediados del siglo diecinueve. Truth pugnó por su valía fundamental en su discurso, "¿Acaso no soy yo una mujer?" A pesar del abuso que sufrió como esclava, defendió la dignidad de las mujeres, los Negros y las oprimidas.

Podría seguir.

No quiero implicar que solamente los actos dramáticos de valor importan. A veces lo mejor que podemos hacer está lejos de ser heroico. En medio de los males horrendos, la depresión y el dolor, lo mejor que podemos hacer a veces es permanecer con vida. Decir, "Sigo aquí," puede ser la acción más amorosa que podemos tomar. Dar otro paso o tomar otro respiro puede ser todo lo que Dios nos pide, dadas nuestras circunstancias.

Ya sea que actuemos heroicamente, simplemente nos mantengamos con vida o algo en medio, Dios sonríe cuando afirmamos nuestro valor propio.

VIVITO Y COLEANDO

Durante los últimos años, mi vida ha sido bastante difícil. Fui despedido injustamente de un trabajo que amaba como profesor de teología. Antes de esta injusticia, soporté juicios, críticas, mentiras y más. Mi historia se volvió noticia nacional, y la cuota emocional fue enorme.

Mi esposa y yo pagamos un alto costo psicológico durante el viacrucis. Lloramos... ¡mucho! Perdimos peso por el estrés y algunas veces ya no queríamos ser vistos en público. Afortunadamente, muchas personas nos animaron, se sacrificaron por nosotros y vinieron en nuestra ayuda. Pero esos fueron los días más difíciles de nuestras vidas.

No he conseguido otro trabajo como maestro desde el despido. Han pasado más de tres años. El mercado para un teólogo, hombre, blanco, es escaso. He solicitado empleos y he sido finalista en unos cuantos, pero sigo desempleado.

En estos tiempos difíciles, trato de discernir cómo Dios quiere que yo ame. Muchos días, siento que Dios quiere que yo aliente a mi esposa. Este tiempo de incertidumbre e ingreso reducido la desanima. Mi esfuerzo por amar incluye ayudarla a lidiar con el dolor y la inseguridad.

También estoy aprendiendo a ser más empático con otros que sufren, especialmente con quienes cuyas circunstancias son mucho peores que la mía. Trato de aprender de esta experiencia negativa. "Mi situación no es ni tantito tan mala como lo que otros soportan," me recuerdo a mí mismo. Me resuelvo a defender al oprimido, abandonado y abusado.

Mi confianza durante los últimos tres años ha subido y bajado. Algunos días, digo "Voy a trabajar con Dios para exprimir algo bueno del mal que Dios no quería en primer lugar." Así que escribo libros y artículos. Hablo en universidades, conferencias e iglesias. Doy consejo y consulta. Sonrío confiadamente cuando veo amistades y conocidos. Hago lo mejor en una mala situación.

Algunos días, realmente me hundo. Me siento deprimido. Lloro. El peso de todo aplasta mis hombros. Lo mejor que puedo hacer es poner un pie delante del otro. Sobrevivo.

Capítulo 5: Dios Necesita Nuestra Cooperación

Las amistades preguntan a veces, "¿Cómo te ha ido?" A menudo no sé cómo responder. ¿Me preguntan cómo me siento acerca de ser despedido, el viacrucis o mi búsqueda de empleo? ¿O simplemente están haciendo una pregunta amable como saludo?

No quiero que mi respuesta pese sobre quienes preguntan. No necesito trasferir mis cargas a hombros que no quieren llevarlas. Pero también quiero ser abierto y vulnerable con quienes realmente se interesan. Responder bien ha sido delicado.

He llegado a responder a "¿Cómo te ha ido?" con "Estoy vivito y coleando."

Esta respuesta presenta dos sentimientos precisos. En algunos días, me siento confiado. Mi respuesta bien dice que estoy determinado a marcar una diferencia. Peleo la buena batalla. En los días que me falta confianza, bien dice que estoy simplemente vivo. Un paso más. Un respiro más.

Porque creo que Dios no puede y no controla, lo que hago a cada momento marca la diferencia. Cuando estoy confiado y logrando metas, mi vida importa en formas que parecen grandes. En los días cuando no estoy confiado, me siento hundido o deprimido, mi vida importa en formas que simplemente acumulan para vivir otro momento, tomar otro respiro, moverme otro centímetro.

Y eso también cuenta.

CREENCIA #5 - DIOS NECESITA NUESTRA COOPERACIÓN

Mi amiga Donna fue entrevistada recientemente para un podcast. Habló acerca de los trabajos de reflexión que sus estudiantes de filosofía entregaron en la conclusión del semestre.

Donna había pedido a sus estudiantes brutal honestidad acerca de lo que más querían en la vida. Una y otra vez: identificaron dos deseos: amor y significado.

Donna dijo que con "amor" sus estudiantes querían decir que deseaban sentirse amados y amar a otros. Con "significado", quería decir que deseaban ser parte de algo que importara. Querían que sus vidas contaran.

La quinta creencia que necesitamos para reconstruir nuestro pensar y vivir dice que Dios necesita nuestra cooperación. Llamo a esto la sinergia de amor indispensable. Si Dios siempre ama, nunca controla y quiere que el amor reine, Dios *necesita* respuestas de amor. Esto significa que nuestras vidas cuentan. *Realmente* importan. Esta idea radical afirma lo que los estudiantes de Donna más quieren: amor y significado.

Dios expresa amor no controlador en esta vida y en la siguiente. Dios nunca envía a las personas al infierno, las aniquila o mete a las criaturas al cielo por la fuerza. El amor incesante de Dios nunca se rinde ahora o en la vida después de la muerte.

En algunos momentos, lo más amoroso a lo cual Dios nos llama puede ser profundo. Otras veces, lo mejor que podemos sacar es pequeño: simplemente escoger vivir otro momento, lo mejor que podamos. Dios busca nuestro amor, no perfección inalcanzable. Y nuestras respuestas positivas a Dios conducen al florecimiento.

Cuando cooperamos con las posibilidades de amor —no importa cuán grandes o pequeñas— nos asociamos con el Dios del universo entero. Cada persona —de hecho, cada criatura— hace la diferencia para Dios.

Preguntas

1. ¿Cómo te sientes con la idea de que Dios nos necesita para que el amor florezca?

2. ¿Por qué las perspectivas de Sin Dios y Todo Dios fallan al establecer que nuestras vidas importan?

3. ¿Por qué la perspectiva que dice Dios *podría* controlar significa que Dios es condescendiente?

4. ¿Qué dice la perspectiva del amor incesante acerca de la vida después de la muerte?

5. ¿Cómo obra Dios para protegernos?

6. ¿Por qué importa decir que nuestras vidas —y cada uno de nosotros— importan?

7. ¿Cómo podría Dios estar llamándote a cooperar?

Para recursos sobre la sinergia Dios-criatura, la vida después de la muerte y más, mira **GodCant.com**

Nota Final

Un año antes de mi cumpleaños número veinte, seis personas importantes en mi vida murieron.

Mi amigo Jay murió cuando su auto resbaló de un barranco manejando a la universidad después del receso de Navidad. La mamá de mi mejor amigo, Vivian, murió de un ataque al corazón. Un conductor alcoholizado se pasó un alto en una intersección y mató a mi tío Leonard. Mi abuelo Tom murió cuando tumores se extendieron por todo su estómago. Mi ex-novia, Tammy, murió cuando el auto en el que estaba dio de giros en la autopista inter-estatal. Y mi compañera en el concilio de clase en la universidad, Stephanie, murió de una enfermedad que había estado combatiendo gran parte de su vida.

Antes de estas trágicas muertes, pensaba en el papel de Dios en el bien y el mal. Pero estos eventos enfocaron mi pensamiento.

En los funerales y en conversaciones, escuchaba personas tratando de encontrar sentido a lo que sucedió. Unos cuantos renunciaron a creer en Dios. La mayoría continuó creyendo pero perdió cualquier entusiasmo genuino por la fe. Consciente o inconscientemente decidieron que no tenían una buena pista de quién es Dios y qué hace. Son religiosos de labios para afuera y participan con desgano en las comunidades de fe. Muchos ignoraban cuestiones sobre cómo Dios actúa en sus vidas.

Al iniciar mis veintes, renuncié a la fe por un período. Mi giro hacia el ateísmo fue motivado primordialmente por asuntos intelectuales como el problema del mal. Las razones que tenía para creer ya no tenían más sentido. En aras de la honestidad intelectual, dejé de creer en Dios.

Mi regreso a la fe ocurrió primordialmente al lidiar con mis preguntas. Me di cuenta de que si un Dios amoroso no existía, no podía encontrar sentido a mis intuiciones profundas acerca del amor. Sin Dios como el parámetro último de amor, yo no podía explicar lo que significa el amor y por qué yo —o cualquiera otra persona— debería expresarlo. Estos y otros asuntos relacionados me condujeron eventualmente a pensar que es más plausible que Dios exista a que no exista. Pero no sabía ni sé esto con certeza.

Recibí la oportunidad y tomé la iniciativa de perseguir educación formal explorando las preguntas más significativas de la vida. Esto significó obtener un par de grados de maestría y un doctorado estudiando teología, filosofía y ciencia.

Desde entonces, he dialogado con muchos académicos de renombre en el mundo. Estas experiencias —junto con los pormenores de la vida cotidiana con mi familia en comunidades urbanas y rurales— me proveen de una mezcla única de conocimiento académico y entendimiento con los pies en la tierra.

Nota Final

LA BUENA NOTICIA DE QUE DIOS NO PUEDE

A la luz de mis preguntas y como un esfuerzo por ayudar a las personas lastimadas, escribí este libro. Quiero desesperadamente consolar y alentar a quienes sufren. Creo que las cinco grandes ideas en él pueden ayudarnos a creer en Dios y en el amor después de la tragedia, el abuso y otros males. He tratado de mostrar a sobrevivientes, víctimas y otros que el Dios que rechazan o en quien han perdido confianza no era Dios después de todo.

El verdadero Dios de amor no causa o permite el mal. El Espíritu de amor presente para nosotros y toda la creación no es moralmente responsable. La buena noticia para quienes se duelen es que Dios no pudo haber impedido su dolor sin ayuda. No debe culparse a Dios.

Llamar a esto "buena noticia" es anti-intuitivo para algunos. Pero para las personas reflexivas que se duelen, esta noticia es buena de modo tranquilizador. Ya no necesitan más creer que Dios odia, abandona, ignora o castiga. Es buena noticia que Dios nunca quiere o permite el mal.

Estas creencias apoyan lo que llamo la perspectiva del "amor no controlador de Dios."[44] Como yo lo veo, esta perspectiva representa a Dios más adecuadamente que lo que otras hacen. Es diferente de lo que se ha enseñado a la mayoría de las personas y diferente de la perspectiva de Dios que mis amistades ateas rechazan. Cabe bien en los temas amplios de la Biblia y la forma en la que el mundo parece funcionar. Jesús representa esta imagen de Dios en su vida, enseñanzas, muerte y resurrección.

En mi mente y en la mente de muchos, ¡la perspectiva del amor no controlador de Dios tiene sentido!

A lo largo de este libro, incluí historias verdaderas de quienes encontraron valiosa la perspectiva del amor no controlador de Dios. Debido a que ayudan a los sobrevivientes del abuso, víctimas de la tragedia y otros sufridores, quise compartir estas historias. Ellas alientan —tanto en nivel intelectual como emocional— a quienes quieren reconstruir sus vidas.

¡Necesitamos esas historias acerca de cómo los sobrevivientes descubrieron que un Dios de amor que no controla no es culpable!

LA BUENA NOTICIA DE QUE DIOS PUEDE

Sé, desde luego, que algunas personas se opondrán a la perspectiva que he presentado. Algunos la encontraran alarmante o perturbadora. A pesar del consuelo que da a quienes se duelen, los críticos la rechazarán.

Algunos verán el título del libro, "Dios No Puede," y supondrán que el Dios descrito debe ser débil o estar inactivo. Pensarán que debemos escoger entre un Dios que controla y un Dios que no puede hacer gran cosa. Habiendo leído este libro, desde luego, sabes que esta decisión es falsa. Hay una tercera opción.

¡El Dios de amor que no controla es la persona más poderosa y amorosa en el universo! Uso la palabra bíblica "todopoderoso" para describir el poder de este Dios. Con esto, no quiero decir que Dios tiene *todo* el poder. Y con "todopoderoso," no quiero decir que Dios puede coercer. Los capítulos previos no tendrían sentido si eso es lo que quiero decir con todopoderoso.

En vez, Dios es todopoderoso como 1) la fuente de poder para toda la creación (todo-poderoso), 2) quien ejerce poderosa

Nota Final

influencia sobre todos y sobre todo (todo-poderoso), y 3) quien es más poderoso que todos los demás (todo-poderoso). Y este poder siempre es expresado como amor no coercitivo.

En otras palabras, nuestro Dios es todopoderoso sin ser capaz de controlar.

Como un buen padre con una cantidad apropiada de influencia, un Dios que no controla no es ni frágil ni opresor, ni inepto ni dominador, ni anémico ni manipulador. ¡El amor de Dios es supremamente activo y poderoso!

Dios sana, protege, redime, salva, empodera, inspira, llama, crea, guía, santifica, persuade, transforma y más —siempre en amorosa relación con la creación. Dios hace todas esas actividades sin controlar a otros, mientras las criaturas o la creación cooperan. Los sobrevivientes del mal y activistas que buscan un cambio positivo tienen a este poderosamente amoroso Dios como su fuente de sanidad y transformación.

Es importante creer que Dios *no puede* detener el mal sin ayuda. Pero también es importante creer que Dios *puede* actuar en formas poderosas. Estas formas transforman nuestras vidas y el mundo. Crean y sostienen la existencia y nuestras vidas momento a momento. Mientras nosotros y otros cooperamos en relación amorosa con el Amante de todos nosotros, todos disfrutamos del bienestar que el amor provee. Nuestra esperanza en todo lo que es bueno tiene su fuente en el amor de Dios.

¡Dios puede porque Dios ama!

EL AMOR NO CONTROLADOR DE DIOS

La mejor forma de entender tanto que Dios *no puede* hacer algunas como que *sí puede* hacer otras es ver el poder divino a la luz de amor no controlador. El poder del amor no controlador de Dios es una fuerza incesante pero no coercitiva que nos empodera a nosotros y a la creación.

El Dios de amor no controlador también es digno de adoración. Este Dios es asombroso porque inspira asombro. Me siento profundamente motivado a adorar a este Amante de todos nosotros.

Puedo venerar de todo corazón a mi Creador y Guía no controlador, sabiendo que Dios ni causa ni permite el mal que he experimentado o conocido. Mi adoración incluye libertad de la preocupación de que Dios pueda castigarme, dañarme o ignorarme. Dios puede y siempre nos empodera a todos a vivir bien la vida.

¡Estoy asombrado y agradecido!

Dije en el primer capítulo que este libro es para quienes quieren amar, recibir amor y vivir una vida de amor. Después de encontrar las ideas que siguieron, espero que comprendas lo que esto significa. Dios siempre nos ama a nosotros y a toda la creación. Dios nos inspira a amar a otros, a nosotros mismos, a la creación y a Dios. Y vivir una vida dedicada al amor es la mejor y más gratificante vida.

¡Este Dios es digno de adorar!

Quiero concluir con un pasaje del Apóstol Pablo. Espero que te inspire como lo hace conmigo: "Vayan tras una vida de amor como si su vida dependiera de ello—porque así es" (1 Cor. 14:1, *The Message*).

¡El Dios no controlador de amor nos empodera y nos inspira a vivir vidas de amor!

Reconocimiento

Quiero expresar mi más profunda gratitud a Lemuel Sandoval por traducir este libro de inglés a español. Lemuel dedicó mucho tiempo y esfuerzo en este proyecto, y aprecio su trabajo. De hecho, todos nosotros estamos en deuda con él. Si sabes cómo contactar a Lemuel, ¡por favor envíale una nota expresando tu gratitud!

—Thomas Jay Oord

Notas

UNA SOLUCIÓN AL MAL

1. Rusell Moore, "Where is God in a mass shooting?" http://www.rusellmoore.com/2017/10/02/god-mass-shooting/ (accesado en 6/21/2018)

2. Quienes quieran explorar muchos de los detalles en las propuestas de este libro, por ejemplo, pudieran leer mis escritos académicos, tales como The Uncontrolling Love of God (IVP Academic), The Nature of Love (Chalice) o Defining Love (Brazos). También recomiendo Uncontrolling Love (SacraSage), un libro de ensayos accesibles escritos por 80 personas sabias.

3. #MeToo es un movimiento en redes sociales para denunciar el acoso y la agresión sexual (nota del traductor).

1. DIOS NO PUEDE IMPEDIR EL MAL

4. "What Would Jesus Do?" (en español, "¿Qué haría Jesús?") fue un lema popular en la década de 1990 como un recordatorio para imitar los actos de Jesús.

5. Defino el poder cuidadosamente y muestro cómo un amor que no controla puede hacer milagros, The Uncontrolling Love of God. Mira especialmente los capítulos 7 y 8.

6. C.S. Lewis, Miracles: a Preliminary Study (New York:HarperCollins, 2001), 90. Disponible en español bajo el título, Los Milagros (HarperCollins)

7. Elaboro estos asuntos a detalle en The Uncontrolling Love of God: An Open and Relational Account of Providence (Downers Grove, Ill.: Intervarsity Academic, 2015)

8. Para más, ve The Uncontrolling Love of God, cap 7.

9. Jessica Kelley, Lord Willing? Wrestling with God's Role in Child's Death (Harrisonburg, VA: Herald, 2016)

10. Wm. Paul Young, The Shack (Windblown, 2008) disponible en español: La Cabaña (Diana)

11. Janyne McConnaughey, Brave: A Personal Story of Healing Childhood Trauma (Greely, Colo.: Cladach 2018), 207

2. DIOS SIENTE NUESTRO DOLOR

12. Carl Rogers, A Way of Being (Boston: Houghton Mifflin, 1980), 142. Disponible en español bajo el título, El Camino del Ser (Barcelona: Kairos, 1986)

13. Brene Brow, Daring Greatly: How the Courage to Be Vulnerable Transforms the Way We Live, Love, Parent, and Lead (Avery: 2015)

14. Francois Varillon citado en Marcel Sarot, God, Passibility, and Corporeality (Kampen, The Netherlands: Kok Pharo, 1992), 78

15. Para sumergirte en los detalles, consigue mi libro, The Nature of Love: A Theology

16. Ve Mateo 25:45, Hechos 9:5, Juan 11:35

17. Ve, por ejemplo, Jürgen Moltmann, El Dios Crucificado (Sígueme, 2010)

18. Ve Juan 14:26, por ejemplo

19. John Muir, Cruise the Corwin (Westwinds, 2014), 50

20. John Muir, "My First Summer in the Sierra" in the Wilderness World of John Muir, Edwin Way Teale, ed. (Mariner Books, 2001 [1911]), 114

21. "El amor de Dios", letra en Inglés por Frederick M. Lehman, 1917, traducción al español por W.R. Adell.

22. Jim Crow era un personaje que caricaturizaba y estereotipaba a los negros en Estados Unidos. Después, el término se usó para referirse a las leyes de segregación que perduraron hasta 1965. (n. del T.)

3. DIOS OBRA PARA SANAR

23. Shelly Rambo cuenta la historia de Paul en su libro, Spirit and Trauma: A Theology of Remaining (Louisville, KY: Westminster John Knox, 2010), 2.

24. Ibid., 4.

25. Bart D. Ehrman, God's Problem: How the Bible Fails to Answer Our Most Important Question—Why We Suffer (San Francisco: HarperOne, 2008). Disponible en español bajo el título, ¿Dónde está Dios? El Problema del Sufrimiento Humano (España: Crítica, 2008)

26. ¡Explicar a detalle el trabajo en equipo de Creador-creación requerido para los milagros pide al menos un libro! En The Uncontrolling Love of God (El Amor No Controlador de Dios), explico a detalle cómo Dios obra de formas milagrosas en los micro y macro niveles de la existencia mientras las criaturas cooperan. Ve especialmente el capítulo 8.

27. Entre los buenos libros que discuten la oración desde una perspectiva del amor no controlador, recomiendo Mark Karris, Divine Echoes: Reconciling Prayer with the Uncontrolling Love of God (Orange, Calif.: Quior, 2018)

4. DIOS EXPRIME EL BIEN DEL MAL

28. Joni Eareckson Tada, https://www.thegospelcoalition.org/article/reflections-on-50th-anniversary-of-my-diving-accident/ (accesado en 8/8/2018)

29. Joni Eareckson Tada, http://www.fggam.org/2018/02disciplineor-punishment/ (accesado en 8/8/2018)

30. Kate Bowler, Everyhting Happens for a Reason... and Other Lies I've Loved (New York: Random House, 2018), xi, xiv. Disponible en español bajo el título, No Hay Mal Que Por Bien No Venga y otras mentiras piadosas (México:Diana, 2018)

31. Ibid., 112-119

32. Jason Jones, Limping But Blessed: Wrestling with God after the Death of a Child (Minneapolis: Fortress, 2017), 103-104

33. Ibid., 86-87

34. Ibid., 143

35. Ibid, 190

36. Stephen G. Post y Jill Niemark, Why Good Things Happen To Good People: How To Live a Longer, Healthier, Happier Life by the Simple Act of Giving (New York: Broadway Books, 2008)

37. Paul Joseph Greene, The End of Divine Truthiness: Love, Power, and God (Eugene, OR: Wipf and Stock, 2017), 175-177, Paul estuvo de acuerdo con los cambios menores que hice a su texto.

38. Elie Wiesel, Night (New York, NY: Hill and Wang, 2006), 65. Disponible en español bajo el título, La Noche, (España, Bar: El Aleph, 2002)

5. DIOS NECESITA NUESTRA COOPERACIÓN

39. Walter Isaacson, Steve Jobs (New York. Simon and Schuster, 2011), 14-15

40. La traducción en español de la Nueva Versión Internacional es distinta (N. del T.)

41. De las notas de Juan Wesley sobre "El Sermón del Monte – Discurso III" (1748)

42. Mark Gregory Karris, Divine Echoes: Reconciling Prayer with the Uncontrolling Love of God (Orange, California: Quior, 2018)151-152. En este libro, Mark describe cómo la oración conspiradora trabaja en relación a los varios asuntos acerca de los cuales pedimos a Dios.

43. Rob Bell, Love Wins: A Book about Heaven, Hell, and the Fate of Every Person Who Ever Lived (San Francisco: HarperOne, 2011), 177

NOTA FINAL

44. Para más sobre esto, ve mi libro The Uncontrolling Love of God (Downers Grove, Ill.: Intervarsity Academic, 2015) y los ensayos de más de 80 escritores en Uncontrolling Love, Michaels, et. al., eds. (Nampa, Id.: SacraSage, 2017)

www.ingramcontent.com/pod-product-compliance
Lightning Source LLC
Chambersburg PA
CBHW031953080426
42735CB00007B/376